부자 엄마의
금융상품 쇼핑법

박연수 지음

도서
출판 청 연

부자 엄마의
금융상품 쇼핑법

2016년 9월 19일 초판 인쇄
2016년 9월 23일 초판 발행

지은이 | 박연수
펴낸곳 | 도서출판 청연

주소 | 서울시 금천구 시흥대로 484 (2F)
등록번호 | 제 18-75호
전화 | (02)851-8643 · 팩스 | (02)851-8644

ISBN 979-11-957227-1-6   (03320)

금융상품 선택이 나를 부자로 만들지는 못해도 잘못된 금융상품 선택은 나를 더 가난하게 만들 수 있다. 금융상품 선택은 재테크의 시작이며 부자로 가는 첫걸음이다.

사회생활의 대부분을 금융 분야에서 일해 온 나로서는 도저히 이해하지 못하는 부분이 하나가 있다. 일회용 봉투 값이 아까워서 장바구니를 들고 다니는 사람들, 가격이 비교적 저렴한 물건을 하나 구입하는데도 여기저기 가격을 비교해보고 알뜰구매를 하는 사람들, 지갑 안에 할인쿠폰을 바리바리 집어넣고 다니면서 햄버거를 하나 사먹어도 꼭 할인쿠폰을 사용해야 직성이 풀리는 사람들이 왜 자신이 정말 열심히 일해서 번 소중한 돈으로 투자하는 금융상품에는 따지지도 묻지도 않을뿐더러 더 나은 선택을 하기위한 어떤 노력도 기울이지 않는 것일까.

우리는 일상생활에서 가격이 싸다면 앞뒤 재지 않고 과감히 쇼핑의 동선을 바꾸는 일을 주저하지 않는다.

한국은행의 기준금리가 이미 오래전부터 1%대로 떨어졌건만 기준금리에 수익률이 절대적으로 영향을 받는 은행권 보험사의 예금 저축상품에 투자하는 관행은 여전하다.

습관 때문인가. 아니면 요즘 자주 인용되는 그들이 만든 프레임 안에서 우리의 뇌구조가 그들의 이익만을 위한 상품을 선택하고 소비하는 것이 강제되고 있기 때문인가.

따져보자. 한국은행의 기준금리가 1.25%인데 여기에 이자소득에 대한 세금 15.4%를 공제하고 여기에 다시 수수료라는 명목으로 그들이 떼어가는 돈 또 여기에 물가상승으로 인한 화폐가치의 하락 이것들을 다 포함시켜 수익률 계산을 한다면 최소한 금리가 5%이상은 되어야 투자에 따르는 기회비용을 상쇄 할 수가 있다.

그런데 그들이 파는 금융상품 중에서 이정도의 수익률을 돌려주는 상품이 있는가. 은행 보험사의 상품들 중에서는 수수료 사업비로 떼어가는 돈이 이자보다 더 많은 것이 현실이다. 그리하여 그들은 그렇게 번 돈으로 도심중심가 곳곳에 거대한 그들만의 성을 짓고 그 많은 임직원들에게 높은 임금을 지급한다. 이게 바쁘다 좋다를 떠나서 어느 일방만이 이익을 보는 거래는 정의롭지도 공정하지도 않다.

많은 사람들은 나에게 이렇게 말하고 있다. 그래 당신 말이 구구절절 다 맞다고 쳐. 그렇다면 당신도 말만하지 말고 이제부터 대안을 말해봐 라고.

세상에 존재하는 거의 모든 금융상품은 경제흐름에 종속된다. 그래서 금융상품에는 절대적 가치는 있을 수 없고 경제흐름에 따라 그 가치는 상대적이라고 표현하는 것이다. 금리변화 하나만 가지고 수익률이 달라지는 것은 아니다. 경제흐름 사회적 현상의 변화로 금융상품의 가치가 변하는 시대다.

이러한 시장의 구조를 이해한다면 지금부터 그 대안이 되는 몇 가지 내용을 말할 수 있다. 첫째 금융상품의 범위를 확장시킨다. 금융상품이란 은행 보험사 등 금융회사에서 판매하는 것이 전부가 아니다. 금융이란 말은 돈의 유통을 말하는 것이고 그 과정에서 탄생하는 것이 금융상품이다. 금융상품의 경계를 깨고 범위를 확장시키면 새로운 투자의 세계가 열린다.

둘째, 세상에 존재하는 모든 금융상품의 가치는 투자시점을 기준으로 상품의 안정성 수익성 환금성이라는 세 마리 토끼를 다 잡는 상품이 무조건 좋다. 이 말에 수긍한다면 금융상품의 투자대상에 경계를 둘 필요가 없다. 금융상품은 은행권 보험사 등의 소매금융회사에서 판매하는 것만을 대상으로 하지 않는다. 어차피 이들 금융회사도 고객이 투자한 돈을 대출 주식 부동산 채권에 투자해서 그 운용수익률로 이자를 주는 것이다. 그러니까 금융회사 금융상품의 타이틀에 얽매이지 말고 자신에게 이익을 많이 돌려주는 상품을 선택해야한다.

셋째, 직접금융시장에서 투자하라는 것이다. 우리가 먹고 쓰는 생필품의 도매시장이 경동시장 방산시장 가락동시장 등 이라면 금융상품의 도매시장은 증권시장 증권사 다. 소매금융회사들은 이 시장에서 사온 주식 채권 유동화상품에 이문을 남기고 우리에게 판매한다. 이 중간 과정을 생략하고 직접투자 한다면 적어도 수수료라는 명목으로 돈을 떼이지는 않는다. 연금 상품이라는 타이틀이 붙어도 수익률이 엉망이라면 이것이 어떻게 연금 상품으로 포장될 수 있는가. 그런데 수수료 떼고 나면 수익률이 0%대인 상품이 연금 상품으로 둔갑해 팔리고 있다.

언론에서 주구장창 실질금리 마이너스 시대가 도래 했다고 아무리 외쳐도 우리의 금융상품선택에는 변함이 없다. 왜들 그럴까. 익숙한 것과의 결별은 그래서 이토록 힘든 일인가.

내가 정말 황당한 것은 이자에 대한 세금 떼고 물가상승을 고려하면 단 한 푼의 이자도 체증되지 않는 은행 보험사의 저축 예금 연금 상품에 여전히 많은 사람들이 목을 메 고 있다는 것이다.

금리가 떨어져 어느 순간부터 이자가 사라졌다고 불평만 할 뿐 다른 대안을 찾을 노력은 안한다.

부자의 기준이 꼭 계량적으로 표시되는 것이 아니다. 자기가 만족하는 수준의 경제적 능력을 갖추면 그 사람이 부자다. 부자가 뭐 별건 가. 그러나 이런 식의 투자로는 절대 자신이 만족하는 수준의 경제적 능력을 갖추기 어렵다. 이런 잘못된 선택이 반복되면 우리는 생각보다 가난한 노후를 보낼 수 있다.

개인의 부라는 것이 일해서 번 돈으로 수익성 높은 상품에 투자해 이자나 임대소득 등의 이전소득을 늘려야 가능해진다. 그런데 처음부터 이자는 고사하고 원금을 까먹는 상품에 투자해서는 자신이 만족하는 부자가 될 수 없다. 그러나 현실은 대부분의 사람들이 잘못된 금융상품을 여전히 선택하고 있다.

이 책은 현재의 금융상품 소비가 거대 금융회사의 이익에만 기여하는 금융시장의 속살을 정확히 드러내고 그 대안이 되는 금융상품을 알려주기 위해 쓰여 졌다.

우리는 그동안 금융회사가 말하는 거짓말에 너무나 많이 속아왔지만 그 틀에서 벗어나는 투자는 하지 못하고 있다. 그 대가로 우리는 소중한 근로소득을 그들에게 약탈당하면서 살아왔다. 그들의 힘은 이제 언론을 통제하고 이에 대항하는 말은 그냥 묻히게 할 정도의 막강한 권력을 갖고 있다. 나는 이 잘못된 프레임이 끝나야 된다고 믿고 있다. 아이를 키우는 엄마의 마음으로 재테크에도 열성적이라면 개인에게 희생만을 강요하는 금융상품투자는 거부하는 것이 마땅하다.

나는 가끔 아주 가끔 동네에 있는 대형마트에 간다. 물건을 사고 계산대에서 물건값을 계산하고 나면 30원의 봉투값이 붙는다. 나는 별 생각없이 계산을 하고 나오지만 엄마들은 그렇지가 않았다. 집에서부터 준비해온 장바구니에 물건을 담고 계산한다. 30원이 아까운 것이 아니라 허튼데는 절대 돈을 쓰지 않는다는 엄마들의 소비습관, 철학이 느껴지는 대목이다. 우리가 생필품만큼이나 자주 소비하는 금융상품선택은 어떤가.

내가 내는 돈의 10~15%를 사업비라는 명목 아래 합법적으로 떼간다.

30원의 백 배에서 심지어 수천 배가 넘는 돈이 객관적 계산을 거치지 않고 그들의 계산식에 따라 사라진다. 그런데 이것이 합법적이란다. 그래 받아들인다. 하지만 내가 불입한 원금의 단 1%의 이자는 고사하고 원금에 금이 간다면 이것도 "합법적" 이라고 받아들일 것인가.

우리가 알고 있는 거의 모든 금융상품의 실체가 이렇다. 이런 사실에 눈을 감고 재테크를 말하는 것이 과연 옳은 일인가.

부자 엄마가 되는 첫걸음, 내 지갑을 합법적으로 털어가는 금융상품의 현실을 고발하고 내 지갑을 채워주는 금융상품에 투자를 집중하는 일이다.

모두가 살기 어렵다는 시대. 이 책이 아주 작은 희망의 도구가 되기를……

박연수

2장
그들도 처음부터 부자는 아니었다

5장
금융기사 행간을 읽으면 돈이 보인다

제1장

좋은 또는 나쁜 금융상품 감별법

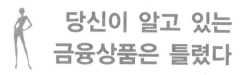

당신이 알고 있는
금융상품은 틀렸다

금융상품이란 무엇인가. 또 좋은 금융상품이란 무엇을 기준으로 할 것인가. 나는 개인적으로 금융상품이란 돈의 유통과정에서 생성되는 결과물이라는 생각을 하고 있다.

그런 측면에서 좋은 금융상품이란 투자자산이 무엇이든 안정성, 수익성, 환금성의 3가지 기준에 충족하면 이것이 좋은 금융상품이다. 그런데 문제는 현재 우리가 가장 많이 소비하는 금융상품은 이 기준에 상당히 못 미치고 있다는 점이다.

수수료에도 못 미치는 이자를 지급하는 상품, 중도 해지시에 따르는 손실이 과중한 상품, 원금 손실이 발생해도 그 손해를 개인에게 모두 전가하는 상품. 이런 상품은 정말 쓰레기통에 처넣어야 한다. 불행하게도 지금 우리가 투자하는 많은 금융상품이 이런 처지에 놓여있다는 점이다. 우리의 금융상품투자는 틀렸다는 표현보다 우리의 금융상품 선택이 매우 축소 지향적이라 저금리에 대응하는 투자를 하고 있지 못하고 있다는 표현이 적절하다고 하겠다.

우리는 금융상품 투자라고 하면 습관적으로 소매금융회사에 불과한 은행 보험사들이 판매하는 예금, 적금, 연금상품이 전부라는 생각으로 이 안에서 금융상품을 선택한다. 이런 투자로는 어느 금융상품을 선택하건 세금, 수수료 떼고 물가상승률을 감안하면 이자는 거의 없다.

양적 완화정책을 일찍부터 시작한 일본은 이미 마이너스 금리 시대로 진입했다. 우리도 현재 같은 수순으로 가고 있다. 그럼에도 우리의 금융상품 선택의 습관은 여전하다. 잘못하고 있는 것이다. 내가 땀 흘려 번 돈에 미안해야한다.

익숙한 것과의 결별은 무엇이든 어렵다. 우리는 어느 순간부터 금융상품하면 은행권 보험사에서 파는 상품이 전부인지 알고 그 안에서 금융상품을 선택하고 소비하는 일을 당연시한다. 그리하여 우리나라 국민의 70%(복수응답) 이상이 여전히 은행 보험사의 예·적금 상품으로 투자를 한다. 한국은행의 기준금리에 금리결정이 절대적 영향을 받는 이들 상품으로 무엇을 기대하고 투자를 하는지. 금리자유화 시대가 일찍부터 시작됐지만 금융회사간에 일종의 카르텔이라도 있는 것 마냥 거의 모든 금융상품의 금리가 같다. 5대 시중은행에서 판매하는 정기예·적금의 금리를 비교해 보면 단번에 알 수 있다. 확정 수익률상품만 그런 것이 아니다. 연금신탁 퇴직연금 같은 운용수익률로 이자를 대신하는 상품 역시 짜고 치는 고스

톱 마냥 수익률이 한결같다.

이런 상황에서 은행권에서 판매하는 금융상품의 수익률을 비교하는 일은 아무 의미가 없다. 은행에서 판매하는 신탁형 상품은 자산 운용의 많은 부분을 채권으로 운용한다. 이런 측면에서 채권형 펀드도 마찬가지다. 그렇다면 채권을 증권사, 증권시장을 통해 직접투자한다면 적어도 운용수수료는 내지 않아도 될뿐더러 상대적으로 고수익을 내는 회사채에 투자하는 기회도 생긴다. 금융상품은 은행 보험사에서 파는 금융상품이 전부가 아니다.

나는 은행 보험사를 소매형 금융회사로 정의한다. 금융상품의 범위를 고작 은행 보험사에서 판매하는 상품이 전부라고 생각하고 투자하는 일은 비유하자면 동네마트에서 생필품을 구입하는 것이 전부라고 생각하는 것과 마찬가지다. 금융상품은 특정된 것이 아니다. 돈의 유통과정에서 만들어지는 것이 금융상품이다. 이렇게 금융상품을 재정의하면 금융상품 선택의 범위가 넓어진다.

투자 상품의 가격이라는 것은 절대적인 것이 아니다. 시장의 흐름에 따라 변한다.

현재 은행권 보험사에서 판매하고 있는 것의 모든 상품들의 실질 수익률이 마이너스 수익률을 기록하고 있음에도 그들의 상품 안에서 금융상품을 선택하고 소비하는 일을 멈추지 않는다. 잘못된 것이다.

내가 우려하는 것은 힘들게 일해서 번 돈을 가지고 한 푼이라도 이자를 늘려보겠다는 생각으로 의욕 있게 금융상품에 투자하는 사람들이 이러한 금융상품 투자를 통해 한 푼의 이자는 고사하고 저축상품으로 알고 가입한 상품이 3년이 지나도 원금도 회복하지 못하는 결과를 보고 저축의 허망함을 먼저 알게 될까 두렵다.

이것이 우리가 금융상품을 재정의해야만 하는 이유다. 금융이라는 단어는 말 그대로 돈의 융통을 말하는 것이다. 이 과정에서 만들어지는 것이 금융상품이다. 따라서 은행권에서만 판매하는 금융상품은 그 일부이지 전부가 아니라는 점이다.

지금 우리가 금융상품이라고 하면 대부분의 사람은 소매형 금융회사에서 판매하는 상품이라고 정의를 내린다. 이렇게 말하는 것이 보편적 상식이다. 그래서 우리는 금융상품은 은행, 보험사, 종금사 등의 금융회사에서만 투자하는 것이 일상화됐다. 그런데 지금처럼 한국은행의 기준금리가 바닥을 치는 상황에서는 바로 이 기준금리에 절대적으로 영향을 받는 소매 금융회사에서 판매하는 금융상품으로는 저금리의 벽을 깰 수가 없다.

금융상품 선택에 대한 생각을 바꾸자. 그리하면 길이 분명하게 보일 것이다.

부자 엄마의 성공투자법 1.

기준금리 1%에 대응하는 투자법

❶ 독한 마음 먹고 기간이 지날수록 돈 까먹는 저축성보험, 변액관련
보험, 연금저축상품은 즉시 해약한다.

❷ 증권시장, 증권사로 쇼핑 동선을 이동한다.

— 증권시장, 증권사를 통하면 기업이 발행하는 회사채, CP 등의 상대
적으로 금리가 높은 고금리 상품에 투자할 수 있다.

— 기업이 발행하는 공모주, 주식연계채권은 주식 직접투자보다 위험
은 적고 고수익이 가능하다.

❸ 부동산도 금융상품이다.

정기예금의 단리식처럼 매달 이자를 받는 임대주택은 물건에 따라 수
천 만 원으로 투자할 수 있고 매달 예금이자 10배의 확정된 월세를 받
는다는 점에서 정기예금과 다르지 않다.

한국은행 기준금리 1%시대는 계속된다. 그렇다면 기준금리 1%에 대
응하는 상대적 고수익 상품은 무엇인가. 여기에 대한 답은 위에서 말
한 것처럼 비교적 수익률이 확정적이며 그 수익률은 예금이자의 5배가
넘는 회사채, 주식연계채권, 공모주 그리고 임대주택에 투자해 월세를
노리는 방법이다.

인터넷에는 당신의 지갑을 노리는 인간들이 너무 많다

투자는 복잡한 미적분을 풀어야 하는 수학이 아니고 덧셈, 뺄셈의 산수능력만 있으면 누구나 성공할 수 있다. 그런데 당신은 왜 남에게 도움을 구하는가.

자신에게 믿음이 없기 때문에 흔들리는 것이다. 그런데 정말 불행한 일은 당신이 도움을 구하는 그들 역시 자신에 대한 믿음이 없기는 마찬가지이다. 자신이 투자에 자신감이 있다면 전업으로 투자할 일이지 왜 수수료를 탐하겠는가. "세상에 믿을 놈 하나 없다." 거친 표현이 될지 모르나 이것이 현실이다.

금속활자가 발명되기까지 중세유럽의 정보는 소수의 왕권과 교회가 독점했다. 그러나 금속활자의 발명을 계기로 교회를 통해 독점적으로 공급되던 지식의 보급이 크게 확장되기 시작하였고 유럽

문명은 새로운 시대로 진입하게 됐다. 20세기에 등장한 인터넷은 금속활자 발명 이상의 위대한 발명이다. 인터넷의 발달로 만인이 생산하고 소비되는 인터넷의 특성상 지식 정보의 양이 폭발적으로 늘면서 우리는 기존 채널로는 어려운 엄청난 지식 정보의 확장성을 경험하게 됐다. 책을 통하지 않아도 한 번의 클릭만으로 세상의 모든 정보를 알 수 있는 시대다.

이제는 인터넷에 대한 의존도가 너무 지나쳐 반찬 한 가지를 만들더라도 인터넷에서 레시피를 찾아 반찬을 만들어야 직성이 풀린다. 때로는 우리의 생각을 인터넷이 대신한다는 생각까지 들 정도다. 그러나 달도 차면 기운다는 말이 있듯이 인터넷의 역작용도 무시하지 못하는 수준에 이르렀다. 특히 경제적 이해가 첨예하게 대립되는 금융정보시장은 거대금융회사와 이익을 공유하는 영업 집단이 생산하고 공급하는 정보가 홍수를 이룬다. 요즘 인터넷의 금융정보는 악화가 양화를 구축한다는 말이 실감이 날 정도다. 검색창에서 금융상품 단어만 쳐도 그들의 이익이 되는 한에서 공급되는 정보들이 홍수를 이룬다.

투자자가 필요로 하는 객관적 정보는 찾아 볼 수가 없을 정도다.

좀 더 세밀하게 들어가 직접 특정 금융상품을 입력하면 그들은 더 노골적으로 자신이 판매하는 금융상품에 대해 적극적으로 홍보하고 투자를 유인한다. 어느 순간부터 인터넷은 그들의 영업공간으로 전락했다. 어느 누구도 객관적인 입장에서 정보를 공급하지 않는다. 영업자들은 그들의 영업을 위한 도구로 대개 개인 블로그 카페 등을 운용한다. 사람이란 존재가 참 어리석은 것이 처음에는 그의 말에 고개를 갸우뚱하다가도 같은 내용을 반복해서 듣고 커뮤니티 공간에서 친교를 나누다 보면 스스로 운용자의 말에 전적으로 귀 기울이는 것은 물론이고 강력한 충성심까지 내보인다. 그 순간이 되면 생각의 '객관'은 없어진다. 그가 말하는 대로 믿고 따른다. 판매를 통해 영업자에게 가장 많은 이익(판매 수수료)을 주는 변액보험, 연금저축보험 같은 상품에 엮이게 되는 것이다. 원금손실이 발생한 후 왜 내가 이런 멍청한 선택을 해서 스스로 손실을 자초했는지 후회를 해보지만 선택시점에는 그럴 수밖에 없는 상황이 분명히 있었던 것이다. 이런 일이 자주 발생하다 보니 이제는 무덤덤하다.

은행의 신탁형 상품, 보험사의 변액보험, 연금저축상품이 좋다 나쁘다를 떠나서 왜 이 상품들이 저축상품의 가장 중요한 가치인 수익성이 떨어지는가를 심각하게 생각해봐야한다. 금융회사의 상품운용수익률이라는 것은 특별한 경우가 아니라면 별 차이가 없다. 이게 팩트라면 저축상품의 금리경쟁력이라는 것은 상품운용에 대한 수수료 사업비 등의 부대비용에서 차이가 발생하는 것이다. 이 부대비용이 높은 곳이 어느 회사인가. 그 답은 여러분들이 더 잘 알고 있을 것이다.

내가 이 글을 쓰는 의도는 소매금융회사의 특정 금융상품을 비하하고자 함이 아니다. 사람들은 어차피 지독한 저금리시대에 금리를 따져 뭐하느냐는 말을 하기도 한다. 그러나 이왕이면 다홍치마라고 금리 1%라도 더 받으면 좋은 일 아닌가. 내 주변에 돈깨나 있는 사람들은 절대 자신에게 손해되는 일은 하지 않는다. 무엇이 됐든 깐깐하게 비교하고 철저하게 검증을 한 다음에 자신에게 조금이라도 이익이 되는 선택을 한다. 이런 것이 쌓이고 쌓여 나중에 의미 있는 돈이 되는 것이지 돈이 어느 날 하늘에서 떨어져 부자가 되는 것이 아니다.

연금이든 적금이든 선택의 기준은 안정성이 같다면 만기에 받는 이자가 한 푼이라도 더 받는 상품을 선택해야한다. 소매금융회사의 적금상품이라도 저축은행의 자유적립예금, 마을금고의 비과세적금(금리가 같다고 가정하면 은행의 동일상품과 비교해 16.5%의 금리 인상 효과가 있다)을 선택하면 은행 보험사의 저축상품보다 적어도 1%의 금리는 더 받을 수가 있다.

수시입출금 상품도 은행의 MMDA보다는 종금사가 판매하는 CMA가 금리경쟁력이 있다.

금융상품 선택의 기준은 한 가지다. 누구 말을 들을 필요가 없다. 답은 정해져있다. 그 기준에 따르면 된다. 괜히 시간낭비하면서 인터넷을 뒤질 필요가 없다.

금융상품을 따지는
절대기준 안정성 수익성 환금성

무한경쟁 시대를 살아가는 이 시대의 거의 모든 사람에게는 영혼이 없다. 자신에게 돈이 되는 일이라면 개인의 양심은 버리고 집단의 이익에 앞장선다. 집단이 뭉쳐서 집단의 이익을 위해 개인의 희생을 요구하는 일은 비일비재하다.

돈이면 도덕이나 양심은 내팽겨친다. 그렇지 않다면 아주 오랜 기간 개인의 희생을 전제로한 정말 나쁜 상품인 변액보험, 파생상품이 덕지덕지 결합한 펀드 상품에 투자해 피눈물을 흘리는 사람들이 계속 생기겠는가. 이런 측면에서 거대 자본이 지배하는 시장은 정의롭지 않다.

"어느 금융상품이 좋은 것인가"라는 질문을 받는다면 여러분은 어떻게 답을 하겠는가. "금리가 낮다고? 하지만 그래도 은행에 예금하면 안전하잖아" 라고.

그래서 안정성에 대한 나의 의견은 뒤로 미루고 나라면 이 질문에 이렇게 말할 것이다.

세상에 존재하는 모든 금융상품은 경제흐름에 그 가치가 상대적으로 변함으로 투자시점에 안정성 수익성 환금성을 따져 비교우위에 있는 상품을 선택하면 된다고. 금융상품의 타이틀은 전혀 중요하지 않다.

투자의 3가지 요소를 충족한다면 그것이 수익성 부동산, 회사채, 유동화증권 심지어 주식연계 채권, 미술품, 골동품 금 은 등의 귀금속이라도 상관없다.

다만 안정성 수익성 환금성이 측정가능하도록 객관적이어야 한다는 조건에서. 나는 이미 앞부분에서 금융상품이라는 것은 돈의 유통과정에서 탄생하는 것으로 안정성 수익성 환금성만 충족이 된다면 무엇이든 상관이 없다고 하였다. 이를 기준으로 비교적 투자의 진입 장벽이 낮은 상품을 대상으로 그 경제성을 따져보자.

* **상품별 안정성 순위**(위험 가중치 높은 순서)
❶ 주식형 펀드, 변액보험, 이머징 마켓펀드, 적립식펀드, 랩어카운트, 자문형, 랩(일임형펀드), ELS 펀드는 시장상황, 자산 운용 능력에 따라 수익률 편차가 심해 투자위험이 가장 높다.
❷ 혼합형 펀드, 배당주 펀드
주식편입비중이 상대적으로 낮은 혼합형 펀드, 배당수익을 노리고 투자하는 배당주 펀드는 주식형 펀드와 비교해 투자위험이 낮

다.

③ 채권형 펀드 부동산 펀드 주식연계채권

펀드가 설정한 목표수익률은 낮지만 수익구조가 상대적으로 안정된 펀드. 주식연계채권은 채권으로 발행되지만 주가동향에 따라 주식전환에 대한 옵션 권을 가지고 있어 투자위험이 경감되는 효과가 있다.

④ 회사채 CP

기업이 발행하는 회사채 CP는 기업의 신용등급에 따라 수익률에 큰 차이가 있다. 투자적격으로 분류되는 회사채 간에도 신용등급에 따라 금리 차이가 있어 잘 만 투자하면 은행예금 이자보다 5배 이상의 수익이 가능하다.

⑤ 연금저축 퇴직연금

연금저축 퇴직연금 판매회사의 평균운용수익률이 저금리로 인해 낮아지는 중이다. 원금손실의 가능성이 커지면 투자의 안정성도 장담할 수가 없다.

⑥ 정기예금 적금 발행어음 CMA 수익성 부동산

은행권의 확정수익률 상품은 저금리의 영향으로 수익률이 낮아지고 있다. 수익성 부동산 중에서 독신자를 위한 저가의 임대주택은 독신자의 급증으로 투자의 안정성 수익성이 높아지고 있다.

― 주식형 펀드는 그것이 무엇이 됐든 기대수익률을 확정지을 수 없는 한계가 있다. 펀드의 수익률이라는 것은 경제상황에 의한 변동

폭이 너무 크기 때문이다. 따라서 채권형 펀드를 제외하고는 전형적인 고 위험 투자 상품으로 안정성 부분에서 크게 떨어지고 수익성은 예측 할 수가 없다. 그럼에도 중도해지에 대한 불이익은 크다.

— 기업이 발행하는 회사채는 발행기업의 신용등급에 따라 안정성에 크게 차이가 난다. 쉽게 얘기해서 삼성전자가 발행하는 회사채는 정부가 발행하는 국고 채와 동급의 안정성을 갖고 있지만 투자적격회사채라고 해도 그 발행기업이 비리비리한 코스 닥 기업이 발행한 회사채 간에는 안정성에서 크게 차이가 날 수 있다. 회사채의 안정성은 채권의 상환가능성을 기준으로 하기 때문에 높은 수익률만 보고 투자하는 것을 경계해야 한다. CP는 쉽게 말해서 기업이 단기자금을 조달하기 위해 발행하는 것이며 단기 회사채라고 불러도 무방하다.

— 은행계정 상품 중 에서는 운용수익률을 기준으로 이자를 지급하는 신탁형상품보다 은행의 고유계정상품이랄 수 있는 정기예금 정기적금 등의 상품이 안정성이 있다.

— 임대 회전율이 높아 안정적인 월세가 보장되는 저가의 소형 임대 주택은 정기예금에 버금가는 안정성을 담보하고 있다고 하겠다.

* **상품별 수익성 순위**(역순)

❶ 보험사 저축 형 상품

❷ 은행의 신탁 예금

❸ 저축은행의 정기예금, 자유적립식예금, 마을금고의 비과세

상품

④ 국고 채 3년 물

⑤ 발행어음 RP MMF 표지어음

⑥ 후순위 채권, ABCP 등의 자산유동화증권

⑦ 회사 채 CP(자유금리 기업어음)

⑧ 월세를 노리고 투자하는 수익성 부동산

— 금융상품의 수익률을 말하기 전에 알고 있어야하는 것이 보험사의 금리 계산법이다. 보통 보험사가 공개하는 수익률은 착시효과가 매우 크다. 이러한 차이가 발생하는 것은 그들의 수익률 계산법이 우리가 일반적으로 아는 계산법을 따르지 않고 그들만의 계산법에 의해 수익률을 계산하기 때문이다. 이러니 보험사에서 말한대로 저축상품으로 알고 가입했으나 3년이 지나야 겨우 원금정도를 받는 일이 비일비재로 발생한다. 그러니까 보험사 상품으로 저축한다는 것이 말이 안 되지만 연금저축 시장의 5분의 4를 보험사가 독점하고 있는 이상한 일이 벌어지고 있다.

* 정기예금: 정기예금의 수익률은 저축은행 마을금고(새마을금고 단위농협 신협, 마을금고의 상품은 조합원으로 가입해 투자하면 비과세 혜택이 주어진다) 은행의 순서다

* 단기금융상품은 자유금리 기업어음이라고 하는 CP 종금사의 고유계정 상품이랄 수 있는 발행어음— CMA, 은행 저축은행 종금

사 모두에서 취급하는 표지어음 은행의 MMDA 순서다.

　* 부동산은 저가의 소형 임대주택 그러니까 원룸이라고 부르는 형태의 임대주택이 상가 오피스 등의 수익성 부동산보다 평균 수익률이 높다.

　금융상품의 환금성은 환급에 따르는 손해를 기준으로 펀드 보험사 저축상품, 은행의 신탁 상품, 은행 저축은행 종금사의 확정금리 상품의 순서로 환급에 따른 불이익이 있다. 앞으로 여러분이 금융상품을 선택을 하게 되는 경우 위에서 말한 투자의 3요소를 기준으로 선택을 하면 무리가 없다. 이렇게 하기위해서는 투자하려는 금융상품의 내용을 정확하게 알고 있어야 한다.

부자 엄마의 성공투자법 2.

수수료가 금리를 잡아 먹는다.

아무 일도 하지 않으면 손해볼 일이 없다.

그런데 '무엇'을 기대하고 행동에 옮겼지만 본전도 못 찾고 시간과 비용만 쓰는 결과가 발생한다면……

억울한 일이다.

지금 우리의 금융상품투자가 그렇다. 단 한 푼이라도 이자를 받겠다는 생각으로 투자를 했건만 이자는 고사하고 수수료만 내야하는 현실이 발생하면 억울한 일이다.

현재 투자해서 받는 이자보다 수수료가 더 많은 금융상품이 널려있다.

퇴직연금, 연금저축, 주식형펀드, 변액보험, ISA 등 등.

이제 이런 투자는 그만두자. 본전도 못찾고 수수료만 내는 금융상품쇼핑은 차라리 오만 원권을 장롱에 차곡차곡 쌓아두는 일이 있더라도.

이자가 수수료만도 못한 금융상품은 금융상품이 아니다.

금융상품 타이틀에
속지마라

연금저축에 가입했건만 이름만 연금이지 연금노릇을 전혀
못하는 이 슬픈 현실. 누구를 탓하랴. 잘못된 선택을 한 나를 탓해
야지. 여러분도 혹시 이런 생각 한번 안해 봤는지.

우리가 사는 세상에서는 속빈강정에 불과하나 포장을 잘하고 타
이틀을 앞세워 거져 먹는 상품이 너무 많다. 자꾸 연금 상품을 거론
해서 지나친 감이 있지만 지금 금융회사에서 파는 연금은 타이틀만
연금이지 연금의 역할을 전혀 하지 못하고 있다. 연금은 영어로
"pension"이다. 이 말의 유래는 서양에서 은퇴자들이 노후에 시골
에 내려가 팬션이라고도 부르는 전원주택을 짓고 여행객들에게 숙
박을 제공하고 여기서 발생하는 수익으로 노후를 보내는 것에서 유
래됐다. 그러니까 연금이란 상품은 노후의 생활을 책임지는 생명줄

같은 돈이다. 그런데 현재 국내에서 판매되는 연금 상품은 연금이라는 타이틀이 무색할 정도다. 연금이라는 것이 제 구실을 하려 면 내가 매월 불입하는 돈이 계속 불어나서 노후에 의미 있는 생활자금이 되어야 한다. 하지만 현재 국내 금융회사에서 판매하는 연금 상품의 수익률을 봐라. 수수료를 공제하면 평균적으로 1%의 수익도 내지 못하고 있다. 연금운용에 문제가 있다고 국민들로부터 심한 질책을 받는 국민연금의 운용수익률도 연 4%가 넘는다.

소위 노후준비를 위한 3대 연금으로 국민연금, 개인연금, 퇴직연금을 꼽고 있다. 민간 금융회사가 운용하는 개인연금 퇴직연금의 수익률이라는 것이 수수료 떼고나면 0%대에 불과한데 과연 누가 이런 말을 만들어 냈는지 그것이 궁금하다.

가진 돈은 없고 달랑 갖고 있는 것이라고는 집 한 채에 불과한 사람들에게 집을 담보로 제공하면 연금을 지급하겠다고 하는 상품이 주택연금이다. 아니 집을 담보로 대출을 받아 그 돈을 쓰는 것뿐인데 이 상품이 어떻게 연금이란 상품으로 포장이 될 수 있는지, 이것은 언어의 조작 수준을 넘어 불순한 의도까지 엿보인다. 그런데 더 웃기는 것은 이 상품을 주관하는 곳이 주택금융공사라고 하는 공기업이라는 것이다. 자신의 집을 담보로 대출받아서 받는 돈이 연금으로 둔갑하다니. 주택연금의 진짜 이름은 역모기지론이라는 대출 상품에 불과하다.

이렇게 이름값을 못하는 상품이 하나 둘이 아니다. 그래서 초보자들은 항상 헷갈린다. 누구 말이 맞는 것인지. 신 재형저축이라는 상품도 그렇다. 재형저축이라는 단어를 풀어보면 근로자의 재산형성을 돕는 저축상품이라는 뜻이지만, 과연 이 상품이 기존의 상품과 비교해 안정성 수익성 측면에서 근로자에게 무엇이 도움이 되는 지 여러분은 알고 있는가. 알고 있다면 나에게도 알려 달라. 비과세 혜택을 받을 목적이라면 마을금고에 조합원으로 가입해 적금에 투자하면 된다. 금리도 낮은 상품에 비과세 혜택이 있다고 장기간에 걸쳐 투자하는 것이 과연 올바른 경제행위인가.

마을금고는 작고 규모도 영세해 대로변에 있는 은행보다 안정성이 떨어지는 것 같아 꺼림직 해서 거래를 기피한다면 생각을 바꾸기 바란다. 서브 프라임 모기지론 금융위기 당시 미국 월가의 대형 은행들은 줄줄이 파산 했지만 같은 북미 경제권이면서도 캐나다의 은행들이 건재했던 것은 캐나다의 은행들은 우리나라의 마을금고처럼 조합원에 의해서 운용되는 협동조합기업이었기 때문이다.

타이틀이 뭐가 중요한가. 실속이 있으면 그만이지. 자신의 돈을 타인에게 전부 의탁해 운용되는 펀드가 소위 말하는 자문형 랩이라는 상품이다. 랩은 말 그대로다. 투자자산을 랩으로 둘 둘 말아서 펀드사가 전체를 위임받아 투자하는 것을 말한다. 자산운용사의 펀드매니저는 신이 아니다. 그들이 무슨 능력으로 내 돈 전체를 마음대로 운용하는 것을 허락한단 말인가. 운용손실에 대해 전혀 책임을 지지 않는 사람들이, 실력도 없는 그들이 타이틀만 그럴 듯하게 만들어 끊임없이 고객의 돈을 끌어들여 자신들의 배만 채우는 현실. 이 정도면 분노하지 않는 것이 이상하다. 어떻게 번 소중한 돈인데.

수익은 엉망 그래도
수수료는 꼬박꼬박 받는 상품

우리가 투자하는 데 있어 가장 큰 문제는 쓸데없는 고민을 하는데 너무 많은 시간을 허비하고 있다는 것이다. 미래를 생각해서 연금을 들긴 들어야하는데 어느 회사를 선택하는 것이 좋은 지. 금리가 낮으니 이제 투자의 시대라고 하는 데 나도 슬슬 펀드에 투자해야 하는 것 아닌가. 펀드에 투자한다면 어느 유형의 펀드를 선택해야 하는지. 은행가서 예금을 해야 하는데 어느 은행에 가서 하지. 최근에 ISA라는 만능통장이 출시 됐는데 해야 하나 말아야 하나 등등. 금융상품 하나 선택하는 일이 쉽지 않고 고민은 깊어만 간다. 그러나 이 고민은 정말 쓰 잘 떼기 없는 고민이다. 가장 좋은 선택은 위에서 거론된 상품은 모두 쓰레기통에 처 놓으면 된다. 위에 열거한 상품들은 아무리 초저금리시대라 대안이 없다고 해도 선택 할

하등의 이유가 없다. 경제성도 없고 개인의 지갑만을 훔치는 상품이라는 것이 이미 증명됐기 때문이다.

2015년 주식형 펀드의 수익률이 —7%다. 시장 평균 수익률을 하회한다. 정도의 차이가 있을 뿐 매년 그렇다. 최근 들어 펀드에서 이탈하는 사람이 늘고 있는 것도 다 이런 수익률에도 수수료만 꼬박꼬박 떼어가는 펀드회사에 대한 실체가 알려진 탓이다. 보험사 영업조직의 적극적인 영업공세로 많은 사람이 가입하고 있는 변액보험도 투자 형 보험 상품이라는 말이 무색하게 수익은 없고 손실만 있다. 과연 이 상품에 투자해 그들이 말 한대로 높은 수익을 경험한 적이 있는가. 불완전 판매로 미국에서 가장 민사소송이 많은 상품이 바로 변액 보험이다. 보험사 영업조직이 목숨 걸다시피 판매에 열을 올리는 이유는 고객의 수익을 위해서가 아니다. 이들이 변액 보험 판매에 열성적인 이유는 이 상품들이 그들에게는 가장 많은 판매수수료를 안겨주기에 그렇다.

43개의 금융회사에서 운용한다는 퇴직연금의 평균 수익률이 1%대 다. 판매수수료가 이자보다 많다. 판매수수료를 공제하면 실질 수익률은 마이너스 다. 개의 꼬리가 몸통을 흔드는 꼴이다. 이런 상품들은 너무 많아 일일이 거론하기도 귀찮다.

펀드회사들은 계속해서 신상품을 출시 한다. 이 상품의 수익률이 검증 돼서 그렇게 하는 것이 아니다. 회사를 유지하고 성장하기 위해서는 계속해서 신규투자자가 유입되는 선순환이 이뤄져야하는데 기존의 펀드 수익률에 실망해 투자자가 떠나니 이러한 미끼라도 던져야 자신들의 이익구조를 유지할 수 있기 때문이다. 이들에게는 고객에 대한 자비심도 최소한의 배려심도 없다. 제도를 선점하고 고객의 지갑을 합법적으로 약탈하는 자들이다.

대대적인 선전과 포장으로 야심차게 출범했던 인 사이트 펀드의 참혹한 최후를 보지 않았는가. 그럼에도 그들은 투자위험이 상수로 존재하는 신흥시장에 투자하라고 유혹한다. 지금 브릭스로 대표되는 신흥시장의 경제가 엉망이다. 또 한 번 순진한 투자자들은 피눈물을 흘릴 것이다. 펀드가 좋다 나쁘다는 문제를 떠나서 이제는 투자손실에 대해 펀드회사도 책임을 공유해야한다. 무슨 권리로 자신들이 운용한 펀드의 손실을 투자자에게 전부 전가하는 가. 그들의 눈에는 수수료만 보인다. 수수료는 손실이 나도 꼬박꼬박 떼어간다. 이 얼마나 불공정한 일인가.

수익이 수수료 이상 나오고 적어도 시장 평균 수익률 이상이라면 군말하지 않겠다. 그러나 이러한 조건을 충족시키는 상품이 있는가.

정선 카지노에 가서 돈 벌었다는 사람의 얘기를 들어본 적이 거의 없다. 카지노의 게임 승률은 51대 49로 만들어졌기 때문에 게임 횟수가 늘어날수록 돈을 잃을 확률은 커지는 구조다. 우리가 투자하는 금융상품 중에서 신탁, 펀드형 상품들이 바로 그렇다. 수익률이 나건 말건 수수료는 꼬박꼬박 떼어 가기 때문에 투자기간이 길어질수록 손실이 커지는 구조다.

이제 수수료만 높고 수익은 없는 상품들과는 이별을 고해야한다. 돈 벌기가 어려우면 돈 까먹는 일이라고 하지 말아야 한다.

예금금리 1%대 대출금리 1%

고금리 대부업체는 여성을 노린다. 그리하여 여성을 대상으로 하는 대부업체의 고금리 대출은 급속하게 늘고 있다. 우리시대의 경제를 말해주는 키워드가 "양극화"이다. 양극화는 부의 양극화를 넘어서 소비시장의 양극화, 이제는 대출시장에서의 금리 양극화로 이어지고 있다.

소득절벽으로 저축 하고 싶어도 저축 할 돈이 없다고 말하는 사람들이 늘고 있는 시대. 금리마저 거지 같으니 저축 무용론이 나 올 만도 하다. 사회생활을 처음 시작하는 사람들에게는 거짓말처럼 들리겠지만 내가 처음 사회생활을 시작 할 때는 시장금리가 15%였다. 당시 내가 다니던 회사의 정기예금 3년 복리 수익률이 50%였다. 5년을 예금하면 원금이 두 배가 됐다. 그런데 지금은. 그동안 우리 경제에 무슨 일이 있었던 것일까. 현재의 정기예금금리는 아래의 도표에서 보는 그대로다.

|표| 주요은행의 1년 만기 정기예금의 금리(%)

KEB 하나은행	1.3%
KB 국민은행	1.1%
신한은행	1.1%
NH 농협은행	1.0%

(기준일 : 2016년 6월)

위에 나오는 정기예금금리의 기준일은 2016년 6월이다. 이 시점의 한국은행의 기준금리가 1.25%다. 이것만 봐도 은행의 정기예금은 한국은행의 기준금리에 절대적으로 영향을 받고 있음을 알 수가 있다. 그런데 정기예금 1%의 시대에 2금융권, 대부회사의 평균대출금리는 25.64%(2015년 기준)이다.

기준금리 1%가 상수가 되어 버린 시대에 서민들이 빚 부담에서 쉽게 헤어 나오지 못하는 것은 예금 금리에 비해 지나치게 높은 대출금리 탓이다. 은행의 신용대출금리가 상대적으로 낮다고는 하지만 은행의 신용대출이 신용등급 1-3등급의 우수등급 자들을 중심으로 이뤄지고 있기 때문에 4등급 이하의 신용등급을 가진 사람들은 연금리가 20%가 넘는 저축은행 대부업체에서 신용대출을 받고 있는 것이 현실이다. 신용등급이 1등급인 사람의 평균 대출금리는 평균 3.8%이나 중 위험 그룹으로 분류 되는 3등급의 평균 대출금리는 7.5%이고 6등급은 평균 17.8%다. 누가 이렇게 신용등급 기준을 만들었는지 알 수는 없으나 서민들에게 일방적으로 불이익이 돌아가는 구조다.

절이 싫으면 중이 떠나라고 했던가. 천만 원을 정기예금에 투자해서 1년 후 받는 이자가 세금을 떼고 나면 10만원인 시대다. 그런데 중 위험의 신용등급을 가진 사람이 대출을 받을 경우에 적용되는 금리는 최소 7.5(3등급)에서 21.2%(7등급)이다. 결론은 너무도 명확하다. 예금금리 1%더 받는 것보다 대출금리 1%를 더 줄이는 것이 더 경제적 이다. 예금금리는 이자에 대한 세금 15.4%를 공제하면 실효수익률은 이보다 낮다. 그러나 대출금리는 매달 이자를 내기 때문에 이자에 대한 기회비용(이자를 투자한다는 가정 아래)을 따지면 예금금리 1%보다 대출금리 1%가 훨씬 높다.

예금금리가 1%대로 떨어지면서 예금 적금 상품의 무용론이 나오는 것도 이러한 흐름을 반영하는 것이다.

적금은 예금금리와 계산법이 다르다. 만약 적금금리가 연4%(이 정도 금리만 돼도 열심히 적축하련만)라고 가정하면 실제 받는 이자는 그 절반에도 못 미친다. 그 이유는 1년 만기 적금을 가지고 설명하면 첫 달에 납입하는 돈은 12개월 동안 적립이 되는 것으로 4%의 금리가 적용되나 마지막달은 1개월만 예치하고 금리가 계산되기 때문에 4%의 12분의 1의 금리인 0.33%로 금리가 계산된다. 여기에 이자에 대한 세금 15.4%를 공제하고 나면 1년 후 만기에 수령하는 이자는 역산하면 1년 만기 4%의 적금상품은 그 절반에 못 미치는 1.8%가 되는 것이고 따라서 저금금리가 2%라는 것은 만기에 받는 이자를 역산한 금리는 0.9%가 된다는 사실이다. 이 정도 금리라면 적금을 들어 원금을 늘린다는 희망은 포기해야 한다.

지금 은행에 가서 예금 적금 통장을 만들려고 하는 사람들에게는 매우 불행한 얘기가 되겠지만 이것이 현실이다. 이러니 금융상품을 재정의하라고 말 하는 것이고 그래서 금융상품의 투자범위를 확장 시켜야 한다고 권고 하는 것이다.

목돈투자로 매월 이자를
받는 상품

목돈의 사용처는 개인이 처한 상황에 따라 다를 수 있다. 내 집 마련이 시급한 사람은 목돈이 생기면 미래에 경제적 가치가 상승할 것으로 예상되는 지역에서 내 집 마련을 하는 것이 시급한 일이다.

하지만 내 집이 있고 여유자금으로 은퇴후 생활자금을 마련해야 하는 사람에게는 매월 이자나 월세가 발생하는 상품에 관심이 갈 것이다. 후자의 경우 어떻게 하는 것이 그 목적에 가장 접근하는 방법일까.

목돈을 투자해서 매달 이자를 받는 대표적인 상품이 은행의 정기예금이다. 정기예금은 만기에 이자를 한 번에 받는 복리식과 매월 이자를 받는 단리식이 있다. 지금처럼 예금금리가 뚝 떨어지기 전 까지는 강남에 소재하는 저축은행을 가리켜 부자들의 사금고라고 불렀다. 저축은행이 대규모로 구조조정 되고 상대적으로 고금리를 주던 개인 대주주회사들이 시중은행 은행계열, 일본계 자본에 넘어가기 전에는 적어도 그랬다. 그러나 구조조정으로 일본계 자금이 급속히 이 시장에 유입되기 시작하면서 저축은행의 예금은 은행과 비교해 큰 차이가 없어지게 됐고 회사의 위상도 낮아져 개인에게 고금리로 대출하는 대부업체로 전락하고 말았다.

저축은행의 예금금리가 은행보다 높은 이유는 매우 단순하다. 저축은행의 대출금리가 은행보다 높으니 이에 비례해서 예금금리도 높게 지급하는 것이지 다른 이유는 없다.

많은 사람들이 소득절벽으로 고통 받고 사는 시대에 목돈투자 문제로 고민하는 사람은 행복한 사람들이다. 그러나 그들의 입장에서는 고민거리가 아닐 수 없을 것이다. 저축은행에 가서 투자한다고 해도 실효수익률이 1% 조금 넘는 수준이니 과거 고금리시대를 살아온 사람에게는 억울한 마음도 들 것이다.

베이비붐 세대가 본격적으로 은퇴하는 시점이다. 이들에게는 적든 많든 간에 은퇴하면서 받은 퇴직금과 그동안 모아둔 돈이 있다. 문제는 이 돈을 투자해 생활비를 마련하는 것이 현실적으로 어렵다는 것이다. 정기예금에 1억 원을 투자해도 매달 이자로 받는 돈이 10만 원 정도니 이 돈으로 교통비나 되겠는가. 그래서 은퇴자의 많은 사람들이 가맹점을 창업해 생전 해보지 않은 닭 튀기고 아르바이트 비용 아끼기 위해 하루 12시간 이상씩 일을 한다. 은퇴 시점에 손에 쥐고 있는 돈은 그들에게는 생명줄 같은 돈이다. 혹시 사업이 잘못되어 돈을 날린다면 비참한 노후는 예정 되어 있는 것이나 마찬가지다.

세상일이라는 것이 내 생각대로 되지 않는다는 사실을 모르는 사람은 없다. 그래도 더 나은 선택을 한다면 실패의 가능성을 줄일 수는 있다.

나는 개인적으로 이런 문제를 가지고 상담을 원하는 사람들에게 꼭 하는 말이 있다. 우선 과거의 영광은 빨리 잊고 눈높이를 많이 낮춰서라도 다시 일을 할 수 있는 곳을 찾기 위한 노력을 최대한 해 보고 퇴직금은 상대적으로 안정적이고 정기예금 보다 10배 이상 수익을 얻을 수 있는 저가의 소형 임대주택에 투자해 월세를 받는 방법을 적극적으로 생각해보라고 말한다. 개인의 소득은 결국 자기개발을 통한 지속적인 근로소득의 발생이 가장 큰 비중을 차지 할 수밖에 없다. 버는 돈을 투자해 가처분소득을 늘리는 것은 그 다음이다.

저가 소형의 임대주택에 투자하면 생각보다 큰돈이 필요치 않고 수익률은 은행예금이자의 10배까지도 높일 수 있다. 저가의 소형 임대주택은 안정성 수익성은 물론이고 시세차익까지도 가능하다. 이렇게 부족한 생활비를 월세를 받아서 보완하고 그래도 모자르는 생활비는 국민연금과 현역 때 보다 적어도 일해서 번 돈으로 마련하는 것이 최선이다.

안정성 수익성 환금성까지 갖춘 저가 주거용 임대주택에 투자해 매달 월세를 받는 것이나 정기예금에 단리로 투자해 매달 이자를 받는 것과 뭐가 다른가. 그런데 그 수익률은 10배 까지도 차이가 난다. 여러분이라면 어떤 선택을 할 것인가. 안정성 수익성 환금성에서 전혀 문제요소가 없는데 단지 투자대상이 부동산이라고 해서 투자를 하지 않을 것인가.

정기예금 이외에도 금융상품에 목돈투자하고 매달 이자를 받는 상품은 종금사 고유계정상품인 발행어음과 3개월마다 이자를 지급하는 3년 만기 회사채 후순위채권 등이 있다. 그러나 이들 상품이 정기예금보다 금리는 높기는 하지만 이 상품들 역시 기준금리를 기초로 해서 수익률이 변동되는 상품으로 본질적인 문제를 해결하는 수단으로는 수익률이 약하다. 선택은 개인의 문제로 누가 강제 할 수 있는 문제는 아니다. 현재의 시장흐름에서 여러분은 어떤 선택을 할 것인가.

부자 엄마의 성공투자법 3.

금융위기에 쫄지 않는다.

금융위기는 반복되고 수시로 찾아온다. 금융위기는 멈추지 않는다. 금융위기가 찾아올 때마다 공포에 쫄아서 알토란 같은 주식, 채권을 투매할 것인가. 과연 이렇게 하는 것이 맞는 것인가.

혹시 이런 생각 한 번 해보지 않았는가. 위기가 실제 이상으로 과장돼서 우리에게 전달되지는 않는 것인지.

금융위기는 언론이 그 위기를 증폭시키고 공포감을 조성한다. 우리가 금융위기에 공포감에 사로잡히는 것은 매일 접하는 언론을 통해서 나오는 기사들 때문이다. 최근에 벌어졌던 영국발 브렉시트 금융위기는 그 본질이 금융위기가 아니라 정치적 문제로 비롯된 것이지만 이 사태를 언론이 과장해 공포를 조장함으로써 주가는 폭락했다. 그러나 그 이후 시장은 어떻게 대응했는가. 공포에 쫄아 투매한 사람만 손해를 봤다. 여러차례 있었던 금융위기 상황을 상기해보면 금융위기는 투자의 기회이지 투매할 시점이 아니다. 금융위기에 평정심을 유지하고 시장의 방향을 주시하여 이에 대응하는 투자를 모색하는 일은 대박의 기회이지 위험만 존재하는 것은 아니다.

금융상품투자도 도매시장에서

기준금리가 1.25%다. 더 떨어질 가능성도 커졌다. 기준금리가 떨어지면 가장 영향을 많이 받는 금융상품은 무엇일까. 물으나마나 이에 대한 답은 은행권의 정기예금, 적금 같은 확정금리를 지급하는 상품과 신탁자산의 대부분을 CP. CD, MMF와 같은 단기 유동성 상품과 채권으로 운용하는 상품들이다. 은행의 신탁형 상품, 보험사의 저축형보험이 다 여기에 속하는 상품들. 그렇다면 기준금리가 떨어지면 금융상품투자는 어떻게 해야하나. 하루속히 이들 상품을 버리고 말을 갈아타는 방법이다. 원금에 연연해 만기까지 기다리면 손해는 더 커진다.

모름지기 물건 값이라는 것은 유통단계를 많이 거칠수록 가격이 비싸진다. 유통단계가 한 단계 늘면 인건비 배송비용이 추가 된다.

이를 알고 있는 소비자들은 다국적 브랜드까지 해외직구로 직접 구매한다. 이를 전문적으로 대행하는 업체도 많다.

우리는 뭐가 그리 바쁜지 시간에 쫓기며 산다. 동네에서 제법 규모가 큰 마트를 찾아가면 캔 커피 하나도 싸게 살 수 있다. 그러나 우리는 그렇게 하지 않는다. 이것도 귀찮아 집 문을 열면 바로 있는 24시간 편의점에서 먹 거리를 해결하고 생필품까지 산다. 이렇게 구매하는 물건이 결코 적은 돈이 아닐 것이다. 시간을 내서 재래시장을 찾고 도매시장을 가면 거리상으로 불편함은 있지만 다양한 물건을 낮은 가격에 살 수 있음에도. 생각하기 따라서는 그렇게 시간 쓰는 것 치고는 얻는 것이 별거 없다고 생각하는 사람도 있겠지만.

걷는 것을 좋아하는 나는 도매시장을 잘 찾아다닌다. 용산전자상가도 자주 찾고 경동시장, 방산시장 등 서울의 대표적 도매시장들도 자주 간다. 확실히 이곳들을 가면 물건가격이 싸다. 가짓 수도 많고 구경하는 재미도 있다. 나는 글을 쓰기 때문에 노트북 컴퓨터를 비교적 자주 교체한다. 그렇다고 최신 버전의 사양을 갖춘 제품을 찾는 것은 아니고 글쓰기 편하고 검색에 지장이 없는 정도 수준의 컴퓨터면 만족한다.

그렇다보니 인터넷 비교사이트도 자주 들락거리고 실제 인터넷으로 구매한 적도 있다. 그런데 내 경험에 의하면 용산전자상가의 오래된 거래처에 가면 인터넷으로 구매하는 것보다 가격대비 가성비가 좋은 노트북을 생각보다 훨씬 저렴한 가격에 구입한다.

도매시장은 단지 가격이 싸다고 해서 좋다는 것은 아니다. 가격대비 고품질의 다양한 상품을 구매할 기회가 많기 때문에 거리가 멀어도 그 이상의 경제적 가치가 있다.

우리의 금융상품 투자는 소매금융에 집중되어있다. 요즘은 은행에 가면 거의 모든 금융거래가 원 쇼핑으로 가능하다. 방카슈랑스가 도입되면서 은행에서 보험도 살 수 있고 펀드에도 투자한다. 입출금은 물론이고 각종 공과금 납부에 이르기까지. 익숙하기도 하고 편리하다는 이유로 우리는 비용을 생각하지 않고 은행에서 거의 모든 금융거래 하는 일을 당연히 여긴다.

그러나 지금은 과거처럼 고금리 시대가 아니다. 금리 0.1%에도 거래 금융회사를 옮겨간다는 살벌한 금리경쟁의 시대다.

은행의 신탁상품 운용자산의 상당부분은 정부발행의 국공채 기업이 발행하는 회사채 CP RP 등의 단기유동성 상품을 자산으로 편입시켜 운용한다. 은행은 이들 운용자산을 증권시장을 통해 매입한다.

그래서 증권시장을 통해서 채권에 투자하는 일을 두고 직접투자 방식이라 하고 증권시장 증권사를 가리켜 금융상품의 도매시장이라고 부른다.

증권사는 금융회사다. 증권사는 장외시장을 통해 직접 매입한 채권을 소액으로 잘라 바이 백 조건으로 판매하기 때문에 증권시장에서 직접투자 하는 것과 같은 효과를 갖고 있다.

증권시장에서의 회사채 투자는 주로 기관 간에 거액으로 거래가 이뤄지기 때문에 소액투자자는 여기에 끼어들기 어렵다. 그러나 증권사를 통하면 얼마든지 소액으로 고수익 회사채에 투자할 수 있다.

금리가 바닥을 치고 있는 판국에 증권사에 가서 신용등급이 높은 우량회사채에 투자한다고 해서 갑자기 이자가 크게 불어나는 것은 아니다. 그러나 봉지값 30원이 아까워서 장바구니를 들고 다니는 엄마의 알뜰쇼핑을 생각해볼 때, 금리를 떠나서 수고의 대가가 봉지값의 수십 배, 수백 배의 이익을 가져오는 일이라면 당연히 금융상품 쇼핑의 동선을 바꿀 충분한 가치가 있다.

　이 부분에서 여러분이 꼭 기억해 둘 것이 있다.

　"세상에 존재하는 거의 모든 고금리 금융상품은 기업이 발행하고 증권시장, 증권사를 통해 유통된다는 것이다."

　기업(상법상에 존재하는 모든 회사로 일반기업, 은행, 카드사, 저축은행 등을 포함한다)은 자금을 조달하기 위해 회사채, 카드채, 금융채 등을 발행하고 이를 증권시장을 통해 유통시킨다.

　이때 증권시장과 투자자 사이에 가교역할을 하는 것이 증권사다.

　저금리가 상수가 된 시대다. 현재 저금리에 대응하는 대안상품으로 꼽고 있는 상품이 무엇인가.

　회사채, 자산유동화증권, CP, 주식연계채권, 공모주청약 상품이 아닌가. 바로 이들 상품이 유통되는 곳이 증권시장, 증권사다. 금융상품 투자로 단 1%라도 더 많은 이자를 받겠다면 증권시장에서 진검승부를 해야지 이자도 거의 없는 은행, 보험사 상품에 투자해 돈낭비, 시간낭비를 왜 하는가. 또 펀드에 간접투자하는 것도 같은 연장선 상에 있다. 파생금융이 결합된 현재의 펀드 상품은 어느 누구도 위험을 통제할 수가 없다. 돈 잃고나서 외양간 고치는 실수는 이제 그만하자.

보험은 싫다고 전해라

보험이 전혀 필요없는 것이 아니다. 건강보험이 보장하지 못하는 치명적인 질병에 대비하는 CI보험과 손해보험은 그 나름의 존재 이유가 있다.

그러나 보험사에서 판매하는 저축형 상품, 연금저축, 변액관련 보험은 개인의 지갑을 합법적으로 약탈해 가는 상품이다. 금융상품의 경제적 가치는 안정성이 같다는 전제아래 만기에 받는 이자를 가지고 비교하면 된다. 그 이상 다른 말은 필요하지 않다.

만약 우리나라가 OECE국가 평균 수준의 보편적 복지가 실시되는 나라라면 이처럼 생명보험가입률이 높은 이유가 없다.

미국은 선진국이지만 공공재로서의 건강보험이 매우 미흡한 나라다. 이러니 민간보험시장이 비대해진 것이다. 일그러진 미국자본주의를 그대로 따르는 것이 과연 바른 방향일까.

현재 국내 생명보험 시장은 너무 비대해 있고, 비대해진 시장에서 이익을 독식하는 자들은 대주주, 정규직 임직원들 뿐이다. 필드에서 보험을 세일즈하는 영업자, 보험가입자는 그들의 희생양일 뿐이다.

보험사 저축상품, 변액 보험 같은 투자 형 상품에 투자해 원금손실을 경험하지 않은 사람이 없을 것이다. 보험의 본질적 의미를 생각해보면 보험으로 저축을 하고 투자를 하는 일은 이치에 맞지 않다. 수익률이 타 금융회사에서 파는 동일 상품과 비교해 높으면 그나마 인정되는 부분이 있겠지만 현실은 전혀 그렇지가 못하다. 보험사의 저축, 펀드형 상품이 경쟁력이 없다는 것은 이미 검증되었음에도 왜 여전히 이 흐름이 이어지는 것일까. 한 번 깊이 생각해볼 문제다.

신자유주의 경제시스템의 고질적인 병폐 중 하나가 반독점규제법이 완화되는 틈을 노려 막강한 자본력을 동원하여 의회권력에 로비하고 그들의 이익만을 위한 금융상품들을 만들어 소비자를 합법적으로 약탈하고 세계경제를 수시로 위기에 빠트리고 있다는 점이다. 우리가 거대 금융회사를 두고 허가받은 도둑놈들이라고 하는 것은 실체가 있는 말이다. 세계를 위기에 빠트렸던 서브 프라임 모기지론 사태도 금융당국이 통제 불가능한 그림자금융을 이용하여 MBS CDS 등의 파생상품을 만들어 위험을 통제하지 못할 정도의 버블을 키우는 과정에서 발생한 것이다. 후순위채권 MBS(주택 모기지론 유동화증권), NPL ABCP(자산유동화 자유금리어음) 등의 상품은 금융회사의 고유계정과 무관한 페이퍼 컴퍼니가 발행을 하는 것으로 그 규모를 측정하기도 위험을 통제하기도 어렵다.

내가 말하고 싶은 것은 그림자 금융이 아니고 최근에 붐을 이루고 있는 펀드 형 상품, 보험사의 저축 형 상품들은 금융회사에게만 일방적으로 유리하게 설계되었다는 구조적인 문제가 있다는 것이다. 잘못된 제도가 불공정한 시장을 만들고 방관하는 와중에 그 피해는 금융소비자에게 전가된다. 이것이 얼마나 불공정한 행위인가.

펀드나 변액 보험 같은 투자 형 상품들은 운용에 대한 결과를 모두 투자자가 져야한다. 금융회사의 입장에서는 팔면 팔수록 수익만 체증되는 꿈의 상품이자 그들에게는 무위험 상품이다. 보험사가 펀드형 상품, 저축형 보험상품을 판매하면서 그들의 사세는 크게 성장했다. 그럼에도 민원이 끊이지 않고 있는 이유도 그 상품의 탄생 자체가 이렇게 불공정한 상태에서 만들어졌기에 그렇다.

보험은 저축이 아니고 미래의 재난에 대비해 위험에 대한 비용을 내는 것이다. 해상, 배상책임, 자동차, 화재보험 등등의 손해보험이 다 이런 과정에서 탄생했다. 개인의 질병 사고를 담보하는 생명보험도 그 연장선에 있다.

보험은 미래에 발생할지 모르는 위험을 사전에 공동부담하고 사고 발생시 받는 보험금으로 위험을 커버하는 역할에 있다.

생명보험의 경우 국가가 주도하는 건강보험체계가 완벽하다면 민간보험시장이 이렇게 까지 커질 이유가 없다. 보험가입률이 높은 나라가 선진국이 아니다. 가난한 나라라 해도 코스타리카처럼 전 국민을 대상으로 하는 의료보험이 완벽하게 실현되는 나라는 국민

소득은 미국의 5분의 1도 안되지만 평균 수명은 미국보다 길다.

보험을 저축으로 알고 또는 투자 형 보험이라는 헛소리에 속아서 그동안 얼마나 많은 사람이 말고 못하고 끙 끙 앓아 왔는가. 대부분 보험은 주변 지인의 권유로 가입하기 때문에 불만을 밖으로 표현하기도 어렵다.

보험이 좋다 나쁘다는 개인의 평가영역으로 남겨두더라도 아래에 실린 기사를 통해 보험의 가치를 한번 다시 생각하는 시간을 갖기 바란다. 참고적으로 우리나라의 보험 가입률은 OECD 국가 중에서 인구대비 가장 높다.

" 연금저축의 배반

가입자의 절반은 중도해지…… 세액공제 감안해도 원금손실

금융사엔 최고의 수익원

보험사 사업비로 7~10% 챙겨 은행은 매년 0.5~0.6%씩

만기 후에는 세금폭탄

공적예금 제외한 수령액 연 1,000만원 넘으면 고액세금

4년 전 보험사에서 판매하는 연금저축보험에 가입해 매달 34만원씩 총 1,300만 원 정도를 납입한 직장인 A씨는 최근 목돈 들어갈 일이 생겨 중도해지를 문의했다가 황당한 대답을 들었다. 해지수수료를 물고 지금까지 연말정산 때 돌려받은 세금들을 토해내면 되돌려 받는 돈이 700만 원 정도도 안 된다는 것이다. 직장인의 노후수단이자 절세상품인 연금저축이 많은 직장인을 울리고 있다.

〈2016년 2월 4일 조선일보〉

2015년 말 기준으로 연금저축 가입자는 545만 명이고 이들이 적립한 돈이 107조원이다. 정부예산의 3분의 1정도 되는 엄청난 규모의 돈이 연금저축에 적립되어 있다. 연금 상품은 은행 보험사 증권사에서 판매한다. 이중 보험사의 적립금이 81조원으로 전체의 5분의 4이다. 그러니까 국민 5명중 4명은 보험사의 연금저축보험을 선택하고 있는 것이다.

은행이나 증권사는 연금저축은 납입총액에 대해 수수료로 매년 0.5%-0.6% 정도를 떼 가기 때문에 상대적으로 보험사에 비해 수수료가 낮다. 하지만 보험사의 연금 상품은 매달 납입금의 7%~9%를 사업비로 떼 가기 때문에 적립금이 1,000만 원이라고 하면 사업비로만 원금의 70만원에서 100만원이 날라 간다. 1,000만원을 예금했을 때 1년 후 받는 만기 이자가 10만원인 시대다. 그런데 그 돈의 7배에서 10배를 사업비로 내는 상품이 과연 정상적인 이익을 내겠는가. 그것도 크게 보면 저축상품에 불과한 상품이.

한국은행의 기준금리 1%가 상수가 된 시대 다. 보험사의 자산운용능력이 얼마나 뛰어나기에 연 금리로 따져 7~9%에 해당하는 사업비로 떼어가고 플러스 수익률을 내는 일이 가능한가. 이론적으로도 말도 안 되고 현재의 수익률을 봐도 그렇다.

좋고 나쁨에 대한 평가는 투자자의 몫으로 남겨두더라도 어떻게 이런 수익구조를 가진 상품의 시장점유율이 80%가 넘을까. 의아하지 않은가. 이는 보험사의 영업인력 구조에 상당부분 이유가 있다.

보험사의 영업 인력은 보험을 팔면서도 개인사업자로 분류되어

팔지 못하면 보험사로 부터 받는 돈이 전혀 없다. 팔지 못하면 밥을 굶는다. 이러니 죽기 살기로 매달리고 지인을 통한 연고영업이 바닥이 나면 그냥 그만 둔다. 그래서 보험사 영업인력 정착률이 매우 낮은 것이다. 이렇게 돼도 보험사로서는 손해 될 것이 없다. 그들 역시 비정규직인 SM이라고 부르는 리쿠르팅을 전담하는 설계사들이 또 사람들을 끌어들이고 이탈자들이 모집한 모험은 그대로 회사 몫으로 남기 때문에 회사입장에서는 그러던지 말던 지. 이런 구조에서 희생당하는 사람은 그래도 지인이라는 측은지심으로 경제적 계산에 앞서 도우려는 마음으로 보험사 상품을 선택한 사람들만 피해를 본다. 이런 악순환의 구조가 꽤 오래 지속되고 있음에도 달라지지 않는 것은 우리나라는 역시 모든 분야에서 아직도 을의 눈물로 먹고사는 배부른 돼지들이 많다는 것을 말해주는 것이다.

아래는 조 연행 금융소비자연맹 대표의 말이다.

"최근 3년간 모든 변액 연금의 수익률이 마이너스로 조사 됐습니다. 국민연금을 보완해 노후생활을 지탱해주는 개인연금은 잘 알고 가입하지 않으면 오히려 위태로워 질 수도 있습니다."

이러니 "보험은 대기업이 서민을 갈취하는 전형적인 착취사업" "보험사는 해약으로 먹고사는 곳" 이라는 말이 이제는 너무 흔하게 인용되는 말이 돼버렸다.

직장인들은 스스로 우리에게는 영혼이 없다고 자조한다. 먹고살기 위해서는 내키지 않아도 대주주의 지시에 따라야 하는 운명이기 때문이다. 먹고사는 문제는 중요하다. 그러나 이렇게 하면서 까지 먹고 살아야 할까.

부자 엄마의 성공투자법 4.

냉정한 투자

보험사의 정규직 임직원이 받는 높은 연봉은 서민의 피눈물을 갈취해서 얻는 것이다. 나는 보험의 니즈 때문이 아니라 힘들게 사는 형제, 지인을 돕고자하는 선한 마음으로 보험에 가입했는데 그래서 중도에 해지하지 않고 그 긴 10년이란 세월을 매달 30만 원씩 보험료를 내왔지만 해약후 원금도 못받는 처지가 되고보면 보험가입을 권유한 지인마저 미워진다. 나는 분명히 저축성 보험으로 알고 가입했건만, 하긴 이런 일을 겪은 사람이 나 하나 뿐인가.

기준금리 1% 시대에 보험료에서 사업비를 왕창떼고 시작하는 상품이 수익률이 나온다는 것이 비정상이다.

이 사례에 보듯이 우리의 금융상품투자는 객관적 자료를 가지고 하기보다는 사람간의 정과 인연에 따라서 투자하는 경우가 많다.

이렇게 해서 결과만 좋다면 나쁜 일이 아니다. 그러나 그 결과가 기대치를 한참 벗어난다면 인간관계마저 망치고 만다. 살면서 이런 사례를 너무 많이 보아 왔다.

이제 금융상품투자 인간관계를 해치지 않기 위해서라도 냉정한 선택을 하자.

저축의 목적
저축의 가치

금융상품 선택에는 두 가지의 위험이 있다. 안정성이 크게 떨어지는 펀드형 상품은 언제든 원금 손실이 발생 할 수 있고 비교적 안정성이 있다는 상품도 이자가 수수료에도 못미치면 원금의 손실이 발생하는 것과 마찬가지로 이 역시 안정성을 크게 해친다. 후자에 해당하는 것이 최근의 적금상품에서 나타나고 있다.

저축의 의미가 사라졌다는 말을 많이들 한다. 지금까지 금융상품 투자는 매달 받는 월급에서 저축을 하고 저축이 만기가 되면 예금으로 전환해 목돈을 만드는 선순환의 구조가 있었다. 그런데 지금 이 고리가 끊어졌다. 그래서 저축의 무용론 까지 나오고 있다.

적금에 투자해 이익이 발생하려면 최소한 세금과 물가상승률이상의 금리가 보장 되어야한다. 그래야 실질가치가 보존된다. 그러나 지금은 이것이 여의치가 않다. 저축의 목적이 돈을 모으는 것이라면 당연히 금리에 민감해진다. 더 많이 모으는 것이 저축의 목적이고 가치이기 때문이다. 하지만 이자가 물가상승률 보다 낮다면 저축의 목적은 사라진다.

저축은 만기 후 받게 되는 이자보다 투자원금을 지키는 것이 더 중요하다고 하는 사람들은 여전히 적금 만기 후 예금으로 돈을 불리는 고리를 고수한다. 이자가 사실상 없다는 것을 모르지 않지만 그렇다고 특별한 방법도 없기 때문에 그럴 것이다.

예금에 투자해서 받는 이자가 1%라면 1천만 원 투자로 만기에 세금 떼고 받게 되는 이자는 10만 원이 안 된다. 따라서 예금해서 받는 이자로 돈을 더 많이 늘린다는 것은 그다지 효과적이지 못한 방법이다.

돈도 굴리고 굴려야 눈덩이처럼 불어난다고 하지만 지금 이 말이 딴 세상에서 살다온 사람의 얘기로 들리는 것은 현실과 너무 동떨어진 말로 들리기 때문이다.

정말 저축하지 말고 5만 원 권으로 바꿔서 장롱에 차곡차곡 쌓아놓는 것이 더 나은 방법일 까. 이처럼 극단적인 생각까지 하는 것을 보면 현재의 저금리가 저축에 대한 사람들의 의욕을 완전히 뭉개버리고 있다는 생각까지 들게 한다.

저축에 대한 생각을 바꿔 저축을 하는 이유를 미래에 언제 필요할지 모르는 목돈을 마련하기 위해서, 아니면 돈이 없어 빚을 지거나 아예 돈이 없어 불행에 빠지지 않도록 대비하기 위한 것이라고 생각하면 어떨 까. 저축은 통장에 돈을 쌓아두고 감상하려고 만드는 것이 아니다. 어떤 목적으로 투자하든 간에 만기 후 받게되는 돈을 쓰기 위함이다.

물론 이자를 많이 받으면 좋겠지만 그렇다고 지금 저축무용론을 얘기하는 것은 성급하다. 지속적으로 저축해야 어쨌든 의미 있는 종자돈이 만들어지고 그 돈을 가지고 사업도 하는 것이고 작게는 빌린 학자금도 갚을 수가 있다.

저축의 목적은 돈을 모으는 것에서부터 필요한 돈을 쓰기 위해 모으는 것이다. 나는 금리가 낮다 해도 저축하는 습관까지 버리지 말라고 말한다. 저축의 의미는 금리 보다 소득을 합리적으로 관리해 그 돈을 늘려주는 도구이기 때문이다. 금리는 변하는 것이고 저축방법에 따라서는 상대적으로 더 많은 이자를 받는 상품을 찾으면 된다.

우리나라의 가계저축률은 2000년 10.7% 2001년 6.41%에서 카드대란이 일어났던 2002년에는 2.2%로 뚝 떨어지고 나서 좀처럼 저축률을 회복하지 못하고 있다. 이는 모아서 쓸 돈만 있지 계속 모을 수 있는 돈은 거의 없다는 현실을 말해준다.

제2장

그들도 처음부터 부자는 아니었다

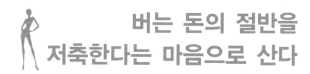

버는 돈의 절반을 저축한다는 마음으로 산다

임금의 정의가 사라진 사회에서 가난을 개인에게 묻는 것은 정의로운 사회가 아니다.

재태크라는 것이 목적을 이루려면 그 기초가 되는 지속적이며 안정적인 소득기반이 있어야하는데 이것이 가능하지 않은 사람에게 재테크를 잘하면 당신도 부자가 될 수 있다는 것은 희망고문일 뿐이다. 재테크를 논하기 전에 우리사회가 정직하게 노력하며 사는 사람에게는 굳이 재테크를 하지 않아도 잘사는 사회가 되기를 소망한다.

버는 돈이 절대적으로 적어 한 달 생활비를 지출하고 나면 빈 봉투에 불과한 돈을 버는 비정규직 직장인에게 버는 돈의 절반을 저축하라는 미션이 얼마나 현실과 동 떨어진 미션인가를 모르는 바가 아니다. 그러나 세상 일은 모르는 것이다. 그러니 이 미션은 이런 마음을 갖고 살기를 바란다는 권고를 하는 것이지 무엇을 강요하는 것은 아니다. 우리는 지금 열심히 살고 있다. 회사의 충실한 노예가 되어 법정노동시간을 넘는 특근근무를 별도의 수당도 받지 않고 일을 한다. 따라서 우리는 결코 게을러서 돈을 많이 못 버는 것이 아니다. 우리나라의 잘못된 경제시스템의 결과로 인해 발생하는 가난인 것이다. 나처럼 세상을 오래산 꼰대가 이를 모르고 하는 얘기는 아니다. 그럼에도 불구하고 너무나 소중한 내 인생이기에 주어진 환경에서 노력은 해보자는 것이다.

성실하게 일하는 청년들을 가난하게 만드는 불공정한 경제제도는 투표를 통해 제도를 고치는 일에 힘을 모아 해결하고 개인이 할 수 있는 일은 해보자는 말이다. 변화무쌍한 경제의 변동에 종속될 수밖에 없는 개인의 경제생활의 미래를 예측하고 계획하는 일은 어렵다.

투자자로부터 펀딩 받아 제작되는 상업영화는 돈을 허투루 쓸 수가 없다. 그래서 작가의 글을 완벽하게 각색하고 이를 토대로 영화 전 과정을 콘티로 만들어 비용이 세지 않도록 한다. 그럼에도 영화진행과정에서 애초 계획된 일정이 틀려지고 비용이 추가 되는 일이 다반사로 일어난다. 한 편의 영화제작 과정이 이럴지언데 이보다 수십 배 아니 수백 배 복잡한 우리의 인생사가 계획대로 진행된다고 생각하는 것이 말이 되지 않는다. 반전의 반전, 이것이 인생사다. 그래서 최고의 반전은 바로 인생 그 자체라고 하는지도 모른다.

다수의 TV채널에서 방송되는 생활 다큐에 등장하는 주인공들 중에서 드라마틱한 인생역정의 사연을 갖고 있지 않은 사람이 없다. 그래서 우리가 이런 프로그램을 보고 감동받고 용기를 얻는 것이다. 금 수저로 태어나도 가진 것을 지키지 못하면 흙 수저가 되는 것이고 흙 수저로 태어났어도 최선을 다해 인생을 산다면 금수저가 되는 일이 불가능하지 않다.

부의 구조가 양극화된 시대에 이 말이 얼마나 설득력 있게 받아들여 질런지는 모르겠다. 그래도 나는 인간의 힘과 인간의 노력을 믿고 싶다. 그래야 사는 맛이라도 날 것 아니겠는가.

출발선부터 다른데 어떻게 이 박봉을 받아서 어느 세월에 부자가 되겠는가. 지금의 가난의 문제 상당부분이 잘못된 경제시스템에서 오는 것임을 인정한다. 그러나 이를 반박하고자하는 생각은 없다. 다만 이 문제를 대하는 방식에 있어서 우리가 숙명론 또는 운명론에 경도되어 현실을 포기해서는 안 된다는 말을 하고 싶다.

출발선이 달라도 인간의 의지는 이를 극복하고도 남을 위대함이 존재한다고 믿는다.

과거 회귀론적인 얘기는 안 하겠다. 사회적 구조에서 파생된 근본적 가난의 문제는 우리 공동체의 몫으로 남겨두고 어째든 개인은 이를 돌파하기 위한 노력을 해야 한다.

그가 처한 근로조건과 무관하게 동일한 직장에서 동일한 임금을 받는 사람 간에 일정기간이 지나면 누가 얼마나 그 박봉에서나마 효율적으로 관리하고 투자 했느냐에 따라 누구는 내 집을 마련하고 또 그 누구는 월세 집을 전전한다.

이 두 사람 간에는 과연 무슨 차이가 있었던 것인가. 우리가 간과하는 것이지만 근검한 생활, 합리적 소비가 가져다주는 경제적 가치는 우리가 생각하는 것 보다 크다.

　근로소득은 정해져 있고 임금 인상률이라는 것은 제한되어 있는 판국에 어느 날 하늘에서 돈이 우박처럼 나에게만 떨어지는 일이 없고서는 부자의 꿈을 이룰 수가 없다.

　사람들은 코너에 몰렸다고 생각 할수록 한 방에 기대한다. 돈이 없는 사람이 한 방에 기댈 수 있는 방법은 무엇이 일을 까. 매주 로또를 사서 대박을 기대하는 일, 이 정도로는 문제가 안 된다. 담배값으로 정말 운에 기대는 것이니 재미삼아 해 볼 수도 있다. 그러나 인터넷 도박에 빠지는 일은 안 된다.

　최근 주식시장에서 들려오는 말들을 보면 일은 안 하면서 하루 종일 모니터만 보고 사는 데이트레이딩 인구가 급증했다고 한다. 더 나가서 합법적 투자시장에서도 세상에서 가장 투자위험이 높다는 선물 옵션 투자자가 크게 급증 했다는 말도 들려온다.

　선물 옵션은 제로섬 게임에 가깝다. 승자가 모든 것을 독식하는. 선물 옵션에 투자한다는 것은 그들의 입장에서는 다 걸기를 하는 것이다. 그나마 있는 돈으로 최대한의 이익을 얻는 투자가 선물옵션이다. 잘되면 다행이나 안 되면 그나마 갖고 있는 종자돈을 다 날린다. 왜 이런 투자위험이 큰 상품에 투자하는 사람이 늘고 있는 건가. 오래 시간이 필요한 합리적인 투자로는 인생역전을 기대하기 어려우니 한 방에 모든 것을 얻으려는 심보가 그 밑바탕에 깔려있다. 이런 사람들에게 계획이라는 것이 존재 할 까. 그저 돈 생기면 돈 벌 가능성이 거의 없어 보여도 한 방에 기대하는 삶. 이렇게해서 가난의 문제가 해결 된다면 나도 뛰어 들겠다. 문제는 경기가 침체되고 개인의 소득이 줄면서 이렇게 인생 자체를 한 방에 기대하는 사람이 급증하고 있다는 사실이다. 그런데 더 큰 문제는 빚까지 내서 이 위험한 도박에 뛰어든다는 것이다.

우리나라는 정부가 나서서 빚을 권하는 나라다. 도둑놈 금리라는 대부회사도 아니고 제도 금융권인 은행이나 저축은행조차 5-6등급의 중 위험 신용등급 자의 평균 대출금리가 10%가 넘는다. 은행예금 금리 1% 시대에. 과연 이 금리로 대출받아 안정성이 담보되는 투자 상품 중에서 이 이상의 수익을 낼 수 있는 상품이 존재하는가. 혹시 신용으로 대출받아 주식에 투자하면 된다고 생각하는 건 아닌가. 하지만 주식 투자에서 깡통계좌가 생기는 이유를 정확히 알아야 한다. 깡통계좌는 바로 신용으로 대출받아 주식에 투자했다가 그 종자돈까지 말아먹은 탓에 발생하는 것이다.

내가 예전에 지점에서 근무 할 당시 우리 지점에 오는 사람들 중에서 비까번쩍한 자동차를 타고 잘 빠진 슈트를 입고 내방하는 사람은 십중팔구 대출받기 위해 찾는 사람이었고, 내가 자주 가는 지점 근처의 수퍼, 밥집, 피자집 등 등 점포를 운영하는 사람들은 옷차림은 허름해도 통장잔고가 억대가 넘는 사람들이었다.

그들은 하루의 수입이 얼마든 간에 수입의 일정액을 매일 저축하던 사람이라는 공통점이 있다. 그리고 수십억 원의 예금 잔고를 가진 고액 예금자들은 연식이 오래된 차를 타고 지점을 방문한다. 그들이 나에게 접대라고 사주는 밥은 지금으로 말하면 5,6천 원 하는 삼치 백반이었다. 이들이 삼치 백반을 시켜 구석구석까지 아주

맛나게 먹던 모습이 어제 일처럼 생생하다. 물론 이를 일반화시키는 것은 오류일 수 있다. 그러나 이런 사례를 많이 접하다보니 요즘 유행하는 빅 데이타 통계처럼 객관화 되는 측면도 있다. 즉 근거가 없는 것이 아니라는 얘기다. 부자 되는 과정은 쉽지 않다. 그러나 합리적으로 소득을 관리하고 돈을 허투루 쓰지 않는 소비습관을 가지면 불가능하지도 않다.

정상적인 방법으로는 부자가 될 가능성이 거의 없다 보니 사행성 게임을 하거나 매주 로또를 구매해 인생 역전을 꿈꾸는 사람이 많다. 충분히 이해할 만하다. 그러나 세상에 그런 요행이 나에게 오리라는 보장은 없다. 그래서 생활이 힘들고 어려워도 단 한 푼의 돈이라도 저축하는 습관을 가지라고 하는 것이다.

세상 일은 모르는 것이다. 지금 희망이 안 보인다고 포기한다면 이것은 희망의 싹을 스스로 잘라버리는 행위다. 우리 일상은 힘들고 고되다. 그럼에도 우리가 저축의 힘을 믿어야 하는 것은, 인간은 희망을 잃어버리면 깊은 절망에 빠질 수밖에 없는 존재이기 때문이다.

자산 관리는 개인 능력에 따라 결과가 크게 달라지는 매우 창조적인 일이다. 신용관리는 기본이고 소득이 얼마가 됐든 설사 그 돈의 1%의 돈 밖에 안 된다 해도 저축 한다는 마음으로 살면 시작은 미약해도 그 끝은 창대한 결과가 만들어 진다. 현실은 야속하지만 그래도 희망을 갖기 위해서는 이 말의 진정성을 믿어 보기로 하자.

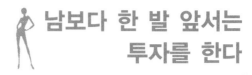

남보다 한 발 앞서는 투자를 한다

2016년 상반기에 각 투자상품의 평균수익률은 신규 상장등록 종목의 주식에 청약으로 투자하는 공모주가 평균 23%로 가장 높았다. 인기 있는 종목은 청약경쟁률이 엄청 높아 원하는 만큼 공모주를 배정받는 일이 쉬운 일은 아니다.

어쨌든 시장 참여자 대부분이 금리가 떨어진 것에만 신경을 썼지, 시장의 변화에는 둔감했다는 사실은 반성할 부분이다. 브렉시트 파동으로 안전자산의 선호도가 높아져 금, 은 값이 뛴 것도 그렇고 시장의 변화에 능동적으로 대응하고 투자를 선점하는 일은 여전히 우리의 숙제다. 투자의 세계에 있다보면 많은 사람들을 만나고 이들로부터 다양한 경험담을 듣는다. 그들 중에서 제법 성공한 사람들은 내 머리가 미쳐 따라가지 못하는 방법으로 돈을 번 사람들이 많다. 그들은 부동산 시장이 붕괴 되었다는 상황에서도 부동산으로 돈을 벌고, 주식으로 돈 버는 시대는 이제 끝났다고 하는 순간에 주식으로 돈을 버는 사람들이다. 이들은 머리로는 알지 못하는 시장의 흐름을 읽는 눈을 갖고 있다.

미래의 시장 흐름을 현장에서의 경험으로 읽어내고 투자를 선점하는 것, 이것이 그들이 부자가 된 이유일 것이다.

요즘처럼 은행 예금금리가 1%대에 머물면 예금에 투자해서는 이자에 대한 세금 물가 상승률을 감안했을 때 실질금리는 마이너스다. 그래서 예금에 투자하기 위해 은행에 가는 수고를 하기보다 5만 원 권으로 바꿔 장롱에 넣어두는 것이 더 낫다는 예금 무용론이 나온다.

이런 경우 돈 많은 부자들은 어떻게 투자를 할 까. 많은 사람들이 먹고 살기 어렵다고 하는 판에 고액 자산가들의 돈은 오히려 늘어났다고 하니 그들만이 아는 비법이 있기는 있는 모양이다. 이런 그들이 이 혹독한 저금리 시대에 자신의 돈을 까먹기만 하는 은행 보험사의 저축, 예금, 연금 상품에 돈을 묻어둘리가 없다. 그들은 투자 상품의 가치는 절대적이지 않고 경제 흐름에 따라 상대적 가치가 있다는 것을 이미 알고 있다. 최근 그들이 임대주택, 상대적으로 금리가 높은 회사채 CP 등의 상품에 투자 비중을 늘리는 것도 이러한 저금리 탓이다. 그렇다면 투자를 잘 하기 위해서 우리도 금리의 흐름에 관심을 가질 필요가 있다. 그래야 저금리에 대응하는 투자의 방향을 정하고 상대적으로 돈이 되는 상품에 투자를 집중 할수가 있다.

그전에 금리는 왜 낮아지기만 하는 걸까. 이에 대해서 생각해보지 않을 수가 없다. 그 역작용이 만만치 않은 상황에서. 단순히 금리가 내릴 만하니까, 한국은행에서 금리를 내리는 것이라고 생각하고 투자의 동선을 바꾸지 않는다면 이는 금리흐름에 수동적으로 대응하는 것이다. 따라서 지금 왜 금리가 내리고 있는지에 대한 그 본질을 알고자 하는 자세가 필요하다.

현재 금리는 우리나라만 내리고 있는 것이 아니다. 일본의 경우에는 오래전에 마이너스 금리시대가 서막을 올렸다. 이 때문에 일본에서는 1만 엔 권의 화폐가 동이 난다는 얘기까지 나오고 있다. 손해만 보는 은행에 예금하느니 고액권으로 바꿔 집안에 보관하는 것이 더 유리하기 때문에 이런 현상이 발생하는 것이다.

정부가 돈을 풀어 내수경기를 진작 시킨다는 신자유주의 통화정책이 만든 양적완화 정책으로 전 세계가 몸살을 앓고 있다. 양적완화로 통화량이 증가하면 금리가 떨어지는 것은 당연한 일이다. 그래서 우리나라뿐 아니라 주요 경제국가에서도 마이너스 금리 시대가 온 것이다.

이미 일본과 유럽은 마이너스 금리상태다. 내수경기를 진작시킨다는 명분으로 각 나라가 앞을 다투어 통화량을 늘리는 양적완화정책을 쓰기에 발생하는 일이다. 통화량을 늘려 금리를 낮추고 경기를 진작시킨다는 양적완화 정책은 그러나 이웃나라를 더 가난하게 만드는 악마의 정책이 되고 있다. 한 나라의 중앙은행이 통화량을 크게 늘려 자국의 통화가치를 낮추는 양적완화 정책을 쓰면 상식적으로 어떻게 되겠나.

통화량의 증가로 인해 자국통화의 가치는 하락(환율인상의 효과)으로 자국 상품의 경쟁력이 높아져 수출량이 증가하지만 경쟁국들은 이 인위적인 통화정책으로 말미암아 수출량이 감소하고 경제는 침체된다. 특히 대외 의존형 경제구조를 가진 우리나라가 받게 되는 영향은 매우 심각하다. 일본정부의 양적완화정책으로 엔화 가치가 하락함으로써 유커라고 부르는 중국 관광객이 일본으로 대거 이탈하고, 주요 수출 품의 가격 경쟁력 약화로 우리나라 기업들이 큰 손실을 입고 있는 실정이다.

일본은 2013년부터 엔화를 무제한 푸는 소위 아베노믹스라고 부르는 양적완화정책을 펼쳐오고 있다. 그럼에도 경기가 살아나지 않자 2016년 2월에는 마이너스 금리라는 극약처방까지 했다. 이 조치로 일본에서 예금을 하면 0.1%의 금리를 받던 것에서 이제는 반대로 0.1%의 수수료를 내야한다. 일본만 그런 것은 아니다. 유럽 중앙은행은 그 전에 금리를 마이너스 0.3%에서 0.4%까지 내렸다.

양적완화정책을 쓰면 은행들이 보유한 자금을 중앙은행에 예치하고 대출을 늘려 소비가 활성화될 것으로 기대한다. 그러나 현재는 그 역효과를 걱정해야 하는 처지에 있다. 일본만 해도 마이너스 금리가 발표되고 난후 경제에 대한 위기감이 오히려 증폭 되면서 금융시장이 요동치고 있다. 유럽에서도 은행주가가 폭락하고 부실의 위험도 커지고 있다.

정상적인 경제라면 사람들이 일해서 번 돈을 은행에 예금하고 이 돈이 기업으로 흘러가 산업부분에 투자되어 고용을 창출하는 등의 선순환 적 흐름이 되어야만 한다. 그러나 돈을 풀어 모든 경제문제를 해결하려는 인위적인 통화정책으로는 근본족인 경제 문제를 해결할 수가 없다. 우리나라도 현재 그 연장 선상에 있다. 한국은행이 금리를 아무리 내려도 경기는 회복의 기미가 없고 금리의 인하로 저축률마저 낮아지는 형국이다. 그럼에도 정부는 저금리정책을 포기 하지 못하고 있다. 그래서 지금의 저금리는 변수가 아니라 상수라고 표현하는 것이다. 따라서 저금리가 고착화되는 상황을 염두에 두고 투자전략을 생각해야만 한다.

금리에 수동적으로 대응하는 사람들은 절대 투자로 돈을 벌 수가 없다. 금리에 수동적으로 대응하는 사람은 투자행위가 그를 더 가난하게 만든다.

금리에 대응하는 자세에 있어서 우리가 은행권 금융상품의 프레임에 갇혀 있으면 정말 그렇게 될 수가 있다.

지금 이 금리로는 은행권 상품에 투자해 봤자 실질이자로 계산해 마이너스 수익률을 올릴 것이 명확하기 때문이다.

한국은행 기준금리는 2011년 6월 3.25% → 2013년 5월 2.50% → 2015년 2월 2.00% → 2015년 3월 1.75% → 2016년 6월 1일 1.25%로 계속 내리고만 있다. 은행권의 거의 모든 수신 상품 금리에 절대적인 영향을 미치는 한국은행 기준금리가 계속해서 낮아지고 있는 것이다. 금리 인상 요인이 많음에도 금융통화위원회는 오히려 기준금리를 내리고 있다.

금리는 기본적으로 시장에 풀린 돈, 그러니까 통화량의 많고 적음에 따라 결정된다. 이것이 이른바 케인즈가 말하는 유동성 이론이다. 그러나 금리가 이렇게만 결정될까. 이보다는 정부의 정책적 목표를 이루기 위한 시장 개입으로 인해 금리 조작이 수시로 이뤄지는 게 현실이다. 내수 경기의 진작, 정부 관료들의 친(親)기업 성향 등의 이유로 금융통화위원회는 한국은행 기준금리를 올리지 못하고 있다. 금리 인상 요인이 많음에도 말이다.

현재의 금리는 전통적인 금리 사이클에서 한참 벗어나 있다. 그래서 변수가 아니라 상수라고 표현하는 것이다. 금리 흐름에도 주기적으로 발생하는 패러다임 변화가 있다. 1990년대 금융 자유화가 시행되기 전과 그 후의 금리 흐름에 근본적으로 차이점이 있는 것처럼 말이다. 따라서 자금 관리를 통해 가처분 소득을 조금이라도 올리려면 돈되는 상품에 선제적 대응을 해야한다.

공부하는 투자자가 성공한다

세상의 모든 일은 알고 하는 것과, 모르고 하는 것은 그 결과에 있어서 무시못할 간극이 존재한다.

예전에 저축은행이 발행한 후순위채권이 저축은행의 파산으로 인해서 원금손실의 문제가 발생하자, 이 상품에 투자한 사람들이 집단으로 농성하는 모습이 언론에 나오는 등 사회적으로 크게 문제화 된 적이 있었다.

투자자들의 말을 들어보면 자신들은 후순위채권을 정기예금처럼 예금자보호가 되는 상품으로 알고 투자했다는 것이다. 저축은행의 주요상품들 이를테면 정기예금, 신용부금, 자유적립식예금, 표지어음은 전부 1인당 5,000만 원까지 예금자보호가 되는 상품이다. 그러나 후순위채권은 저축은행이 자사가 보유한 대출채권을 페이퍼컴퍼니에 이전시켜 이를 증권화해서 유통시키는 자산유동화증권(ABS)의 하나로, 예금자보호와는 무관한 상품이다. 그럼에도 이 상품에 투자자가 몰려든 것은 정기예금보다 높은 금리를 제공했기 때문이다.

현재 금융상품시장에서 상대적으로 고금리 상품으로 알려진 기업발행 회사채, CP, RP 등은 확정수익률 상품임이 분명하지만 예금보험공사가 지급보증하는 예금보호상품이 아니다.

따라서 발행회사의 신용등급은 따져보지 않고, 단지 높은 금리만 지급한다고 해서 무조건 투자해서는 안 된다.

매일 제공되는 주요 투자상품의 금리지표를 보면 한국은행기준금리, 국고채 금리가 1%대에 있음에도 회사채, CP 금리는 이보다 훨씬 높은 7~10%인 것을 볼 수 있다.

반면 같은 회사채라도 삼성전자, 현대자동차 같은 기업이 포함된 AAA 등급의 우량기업이 발행하는 회사채는 국고채금리와 별 차이가 없다.

이러한 현상이 발생하는 이유는 회사채금리는 발행기업의 재무안전성을 기초로 하는 신용등급에 따라 금리차이가 발생하기 때문이다. 그럼으로 고금리만 믿고 신용등급이 낮은 회사채에 투자하면 원금손실의 가능성이 있다.

금융시장은 살아있는 생물이다. 이 변화무쌍한 시장에서 자기 공부없이 뛰어들다가는 늘 위험을 옆에 두고 살아야 한다.

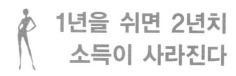

1년을 쉬면 2년치 소득이 사라진다

재테크는 열심히 산 대가로 받는 덤이라는 마음으로 사는 것이 정신건강에도 좋다. 재테크가 한 방에 부자가 될 수 있는 로또는 아니다. 내가 지금껏 봐왔던 부자는 자기분야에서 성공한 사람들이 대부분이다.

일을 열심히 하면 돈도 따라 오기 마련이다. 그래서 가장 좋은 재테크 방법은 자기개발이라는 얘기를 하는 것이다. 시대가 어수선하니 일을 하지않고 방 안에서 컴퓨터 키보드만 두드리는 전업 투자자들이 많아졌다. 과연 이렇게해서 부자가 될 수 있을까. 부자로 살려는 목표를 갖고 있다면 일을 해야 한다. 그 일이 무엇이든간에.

나는 직업에는 귀천이 없다는 말을 신봉하는 사람이다. 여건이 안 돼서 남들의 눈에는 비천하게 여겨지는 직업이라도 내가 일에 보람을 얻고 그 일을 사랑하면 나에게는 그 일이 정말 좋은 일이다. 남의 기준에 나를 맞춰 살 필요가 없다. 그러기에는 우리의 인생은 너무 짧다. 그가 무슨 일을 하건 간에 일에 대한 불만은 누구나 있다. 직업이 무엇이건 간에 자신이 만족하지 못하면 남에게는 커보여도 이것이 과연 내게 무슨 좋은 직업일까. 문제는 항상 우리의 직업관이 세상이 만든 그 틀에 갇혀 있다는 점이다.

철 밥통이라는 공무원이 돼서 항상 같은 일을 반복하는 것이 행복한 사람도 있다. 그러나 이보다는 수입은 안정적이지 못해도 창의적인 일을 하는 것이 적성에 맞는 사람이 있고, 사람의 입을 즐겁게 해주는 요리사가 적성에 맞는 사람도 있다. 직업은 자신이 선택하는 것이고 자신이 만족하면 그만이다. 오래 살다보니 나도 모르게 남이 원하는 인생을 살아온 것이 아닌가 하는 생각이 깊어진다. 나는 부모님이 원하시는 회사에 들어갔고 상당히 만족스러운 급여를 받았지만 나는 그 일이 싫었다. 그래서 당시 최고의 급여를 주는 회사를 박차고 나왔다.

그 후 수입이 안정적이지는 않았지만 지금 내 친구들이 은퇴하고 다시 무엇으로 먹고 살까 고민하는 시기에, 나는 내가 좋아하는 글쓰는 일에 더 매진하고 있다. 무엇이 옳다는 것을 비교하는 것은 건방진 얘기지만 나는 지금 내 인생에 대해서 만족한다. 내가 계속해서 안정적이라는 이유로 회사에 남았다면, 입사동기들처럼 안정된 생활을 했을지 몰라도, 그 편안함에 만족해 내가 과연 무엇을 좋아하고 무엇을 잘하는지도 모른 채 인생을 마감했을 가능성이 크다.

나는 우리 청년들의 직업관이 먹고사는 문제에 초점이 맞춰지지 않았으면 한다.

사람이 쉬지 않고 휴식이 없는 삶을 산다면 이건 살아도 산 것이 아니다. 그래도 남들 쉬는 날 다 쉬고 어떻게 돈을 벌 수 있겠는 가. 시대가 변했다. 생각 없이 무식하게 일만해서 부자가 되는 시대가 아니다. 개인에게 혹독한 노동을 강요하면서까지 부자가 돼라고 말하고 싶지는 않다. 다만 꾸준함, 지치지 않은 자기개발을 통한 소득의 확장, 이것이 고리가 되어 부자의 길을 열 수 있다. 이 책에서 말하는 부자는 단지 수사적 표현이지 수치로 따져 몇 십억 원 이상이 되어야 부자가 된다는 상투적 표현의 말이 아니니 오해 마시기를. 옛날 말에 이런 말이 있지 않은가. 마음이 부자가 정말 부자다. 그렇다고 가진 것 없이 마음만 부자라고 부자는 아니다. 물질과 정신적 행복의 균형을 맞추는 지점, 이것이 개인적으로 부자라고 정의한다.

열심히 살아서, 적어도 돈이 없어서, 가족공동체가 위협받지 않고 살 정도의 여유가 있다면 가진 돈의 사이즈와 관계없이 부자다. 이를 목표로 우리는 지금도 자신의 일터에서 땀흘려가며 일하는 것이다.

개인이 투자를 잘해서 대박이 날 수도 있지만 그럴 확률이 얼마나 되겠는가. 결국 우리의 가장 효과적인 자금 관리는 자기 개발을 통해 임금소득을 지속적으로 늘리고, 이를 효율적으로 관리하고 투자하는 것이다. 그래서 이런 과정을 거쳐 이자나 임대소득 등이 추가로 발생하도록 만드는 것이다. 이보다 더 좋은 방법은 없다.

요즘 청년세대를 가리켜 미래와 희망을 포기한 세대라고 한다. 물론 이를 언론의 수사적 표현으로 치부해 무시해버릴 수도 있다.

청년들이 처한 처지나 사정은 제각각 다르다. 그러나 분명한 사실이 한 가지 있다. 지금의 청년세대가 그들의 선배세대에 비해 경제적 처지가 열악하다는 것이 그것이다.

현재 30대의 자가 주택 보유비율은 13%로, 40대의 49%에 비해 현격하게 떨어진다. 이 사실 하나가 모든 것을 말해주는 것은 아니나, 현재 30대의 가처분 소득이 40대와 비교해 절대적으로 적다. 노동에 대한 정당한 소득이 있어야 이 돈으로 저축도 하고 희망을 가질 수 있다. 한물간 책상물림들의 놀이 였다 고 까지 폄하 되고 있는 소위 주류경제학이 그럼에도 유지되는 것은 개인의 노력 헌신에는 이에 따르는 적정한 보상이 주어져야 한다고 말을 하기 때문이다.

그런데 지금의 청년세대는 이 고리가 끊어진 사람이 많다. 그래서 작금의 시대를 정의가 실종된 시대라고 하는 것이다. 이렇게 된 근본 원인은 우리 경제의 문제점에서 비롯한 것이다.

청년세대에게 노동의 정의가 실현되지 않는 세상에서 내가 하는 말이 얼마나 진정성 있게 받아 들여 질지는 모르겠다. 그러나 분명한 것은 부단한 자기개발로 자신의 가치를 올리고, 자신의 노동으로 발생하는 근로소득을 잘 관리하고 효율적으로 투자한다면 오늘보다 내일이 희망적인 삶을 살 것이라는 사실만은 변함이 없다.

오래 살아보니 부자는 배운 사람, 부모 잘 만나 요즘 말로 금 수저를 물고 태어난 사람만이 되는 것은 아니다. 금수저를 물고 태어났어도 그 돈을 지킬 능력이 없으면 스스로 숟가락을 찬다. 반면 배운 것이 없고 소위 사자 들어가는 전문직이 아니고 시장에서 노점상으로 시작했어도 부자가 된 사람은 너무도 많다. 나는 살아오면서 이런 경우를 너무 많이 봐왔다. 우리 형제 중에서 제일 부자로 사는 사람은 중학교만 졸업하고 어린나이에 현장 목수 보조로 사회 생활을 시작한 매형이다. 그 분의 일생이 일에만 치여 살았다는 것은 마음이 아프지만 그렇게 번 돈으로 아이들 다 대학교육 시키고 지금은 여유로운 노후를 보내고 있다.

스펙이 딸려 만인이 원하는 직장에 못 들어가도 실망하지 마라. 오히려 그것이 전화위복이 될 수 있다. 세상은 노력하면 돈을 많이 버는 일들이 생각보다 많이 있다. 지금 존재하는 대한민국의 자수성가 형 부자들은 다 그렇게 역경을 이겨내고 부자가 된 사람들이다. 그리고 자신의 삶이 고달팠기에 타인에 대한 배려심도 큰 것이다. 실제 자수성가 형 부자들은 기부도 많이 하고 산다.

돈만으로 직업의 가치를 따지는 일은 무의미하다. 변호사 검사 판사들 보다 직업적 대우는 열악해도 만인에게는 소방관이 더 가치 있는 직업이다. 우리 집 잠긴 대문을 언제고 따주는 동네 철물점 주인도 우리에게는 없어서는 안 되는 사람이다. 다만 무엇을 하든 상도의를 지키고 꾸준하고 성실해야 한다는 점이다. 부자 학에서는 그래도 우리에게 희망을 주는 말을 한다. 그대의 직업이 뭐가 됐든 상관없이 자신의 소득 중에서 그 절반을 저축한다는 마음을 가지고 산다면 시간이 문제이지 누구나 부자가 될 수 있다고. 현재 존재하는 세상의 모든 부자들 중 다는 아니라 해도 그럼 마음으로 세상을 살아온 사람들이다.

힘을 내자. 세상이 그대를 속일지라도 슬퍼하거나 노여워 하지 마라. 그 대신 성실하게 우리의 앞날을 개척해보자.

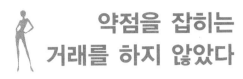

약점을 잡히는
거래를 하지 않았다

금융회사는 그동안의 거래를 통해 나에게 많은 도움을 받았으면서도 금융거래를 하는 중에 발생한 약점은 기가 막히게 찾아내서 끊임없이 괴롭힌다.

금융거래를 안 할 수 없다면 금융회사에 약점 잡히는 거래는 하지 말아야 한다. 특히 돈을 빌려쓰는 과정에서 발생하는 연체는 불과 1만 원의 돈이라도 불이익이 너무 크다.

내 인생의 독극물이 될줄 알면서 무작정 빚을 내서 쓰고 사는 일은 하면 안 된다. 그런데 이 나라는 정부가 나서서 개인에게 빚을 내서 투자하라고 권하는 나라 다. 사람들은 이런 말을 한다. 기준금리가 낮다는 것은 은행 예금금리만 낮은 것이 아니라 대출금리도 낮다는 얘기이므로, 이런 기회에 저금리로 대출받아 적극적으로 투자해야 한다고.

당신은 이 말을 믿는가. 예금금리가 낮아지니 대출금리가 따라서 낮아지는 것은 맞다. 그러나 이는 A급 담보라고 하는 아파트, 다세대, 연립, 빌라 같은 주택 담보 대출에나 해당되는 얘기다. 담보가 없는 사람이 받는 신용대출은 신용등급에 따라 다르지만 평균적으로 대출금리가 거의 10%가 넘는다. 신용등급이 떨어지는 사람은 대출 가능 금액이 줄어들 뿐 아니라 대출금리는 오히려 더 높아진다. 과연 이런 금리로 대출받아 이보다 더 높은 수익을 내는 상품이 있기나 할까.

금리가 떨어져 주가가 들썩이니 신용으로 대출받아 주식이나 해볼까 하는 사람들이 늘고 있다. 통계자료를 보니 새로 유입되는 주식투자자 중에서 20대가 전체의 40%를 차지한다고 한다. 신분이 학생이거나 겨우 사회생활을 처음 시작하는 20대가 돈이 어디 있다고 주식투자에 나설까. 이중에서 상당수는 고리의 신용대출을 받아 그 돈을 시드머니 삼아 투자하는 사람들이다.

어느 연령층보다 돈에 대한 욕망이 많은 20대 30대라면 누구나 이런 경험을 한 번 이상은 하는 세상이다. 그러나 이 시기에 과도하게 빚을 내서 투자했다가는 영영 신용을 회복하지 못한 상태에서 사회생활을 마감할 수도 있다. 대출을 받아 투자를 한다 해도 영리하게 해야 한다.

빚이 지렛대 역할을 해서 종자 돈 이상의 돈을 벌 수 있다는 것이 소위 말하는 레버리지 효과다. 만약 내가 갖고 있는 돈이 100만원이지만 빚을 100만원내서 투자하면 투자원금 대비 2배의 수익을 올릴 수 있다는 것이 레버리지 효과 다. 그런데 만약 원금 100만원에 빚을 내 100만원을 합한 200만원으로 투자해 50%의 손실이 발생하면 그 즉시 투자 원금은 날라 간다. 주식을 신용을 걸어 투자하는 경우 이런 일은 다반사로 발생한다. 주식시장에서 깡통 찬다는 말이 이를 두고 하는 말이다.

투자를 하는 데 있어서 빚이 무조건 나쁜 것은 아니다. 부동산에 투자하는 경우에는 세금을 합법적으로 회피하는 수단으로 빚을 내서 투자하기도 한다. 환금성이 뛰어나고 투자의 안정성이 보장되는 독신가구를 대상으로 하는 수익성 임대부동산은 저리로 대출받아 매입대금에 보태면 그 효과가 크다. 대출금리가 3%이지만 월세의 수익률이 그 이상이 되는 임대주택 투자에서 빚은 양질의 투자 금으로 변하기도 한다.

그러나 고리로 대출받아 그 투자리스크를 감당 할 수 없는 선물 옵션, 주식 현물투자를 한다면 그 결과는 어떻게 될 까. 반드시 그렇게 되리라고는 확신할 수는 없어도 잘못되면 종자돈이 연기처럼 사라질 수 있다.

빚은 동전의 양면이다. 안전자산에 자신의 투자 금에 일부 부족한 돈을 빚내서 투자하는 경우에는 그 효과가 선순환의 구조를 가져오나 그 반대의 경우는 치명적인 손실이 발생한다.

자신이 갖고 있는 돈이 적을수록 과격한 투자행위를 한다. 한 번에 모든 것을 해결하려는 욕심이 앞서기 때문이다.

돈이라는 것은 내 통장에 들어있는 것이 다가 아니다. 회계학에서 말하는 자산이라는 개념은 자본에 부채를 합한 것이다. 그러니까 넓은 의미로 해석해보면 양질의 부채는 자산이다. 문제는 악성 부채다. 개인에게는 특히 소모성 생활비를 충당하기 위해 받은 고리의 대출금은 악성부채가 된다. 반면 저리의 대출금을 받아 대출이자 이상의 수익이 발생한다면 이는 빚이 아니라 건전한 자산의 확충이라고 말해도 무방하다.

빚없이 사는 사람은 거의 없다. 우리나라의 1인당 평균 부채는 2,300만 원이다. 같은 돈을 빚으로 갖고 있어도 매월 나가는 이자는 각 각 다르다.

같은 은행에서 1,000만원을 대출 받았다고 가정해보자.

신용등급이 1등급인 사람은 연으로 380,000원의 이자를 내면 되지만 최하위등급인 10등급의 사람은 같은 돈을 대출받고도 2,600,000원의 이자를 부담해야 된다. 이자는 그렇다치고 이렇게 신용등급이 낮으면 신용대출이 불가능하다. 이 정도의 신용등급은 고리의 대출을 하는 저축은행 대부업체에서도 대출받기가 어렵다.

신용이 돈이라는 말이 그냥 수사적으로 표현하는 말이 아니다. 실체가 있다.

만약 당신이 월세를 노리고 주거용 오피스텔에 투자한다고 가정해보자. 그런데 돈이 약간 부족하다. 그래서 부족자금은 은행에서 신용대출을 받아 잔금을 치르고자 한다. 2015년 기준 오피스텔의 평균 수익률은 약 5.55%로 1등급의 신용등급을 가진 사람은 3.8%에 대출받아 투자하면 단순하게 계산해서 대출이자를 내고도 약 1.75%의 이익이 발생한다. 이 경우 소위 레버리지 효과가 발생해 빚이 효자노릇을 하게 된다. 주거용 오피스텔의 평균 수익률은

5.55%이지만 저가의 소형 오피스텔은 평균적으로 이보다 높은 7%에서 10% 다. 그렇다면 1억 원 이하의 저가 오피스텔에 빚내서 투자하는 경우 더 수익률이 높아진다.

이 혹독한 저금리 시대에 이 정도의 수익률이라면 상대적이지만 매우 높은 것이다. 그런데 신용등급관리를 잘 못해서 5등급의 신용등급으로 분류되면 대출금리가 11.9%까지 올라간다. 따라서 빚을 내서 투자하면 오히려 손실이 커지는 경우에 해당된다. 신용등급의 관리가 개인의 투자에 있어서 얼마나 큰 영향을 미치는 가를 보여주는 전형적인 사례다.

예금금리 1% 시대에 은행들의 신용등급에 따른 대출금리를 보면 역시 은행은 허가받은 도둑이라는 생각을 갖지 않을 수가 없다. 신용등급이 낮은 사람들은 높은 대출이자를 생각하면 대출받기가 꺼려지지만 안 받을 수도 없는 것이 현실이다. 이런 처지에 있는 사람들은 답답할 것이다. 그러나 누굴 탓 하겠는가. 다 자신이 금융거래를 잘 못해온 탓이다.

신용관리를 잘못해 그나마 은행권에서 대출을 못받게 되면 찾는 곳이 광고를 무지막지하게 해대는 저축은행, 대부회사들의 고금리 대출상품이다. 이들은 처음 30일간은 무이자로 돈을 빌려 주겠다고 꼬드기지만, 코를 끼는 순간 아주 오랜 기간 고금리 이자에 허덕이게 만든다.

이러니 한국의 금융시스템은 현대판 노예제도라고 까지 표현하는 것이다. 한 번 신용등급이 떨어지면 다시 회복하는 데에 오랜 시간이 걸린 다. 그동안 경제적 불이익을 감수해야 한다.

부자들은 금리 1%에 아주 민감하다. 오히려 돈 없는 사람들이 금리에 무관심하다. 예금금리 1%더 받는 일보다 대출금리 1%줄이는 것이 더 경제적이라는 사실을 알기 바란다.

사회생활을 하다보면 때로는 신용이 돈 이상의 가치가 있다는 생각을 하지 않을 수가 없다. 신용만 양호하다면 "돈 없이도 사업할 수 있다"는 게 거짓말이 아니다. 물론 시드머니가 전혀 없어서는 안 되겠지만, 어느 정도의 시드머니만 있다면 그 이상의 자금을 신용보증기금, 기술보증기금, 각 지방자치단체에서 운용하는 기금들로부터 지급 보증서를 발급받아 저금리로 운용자금을 조달할 수 있다. 또 대출이 아니라도 할인보증서 한도를 부여받아 상품 판매, 용역 서비스를 제공하고 받은 어음의 할인 한도를 늘릴 수도 있다. 그러나 신용등급이 낮으면 이런 일을 할 수 없다.

지금은 과거와 달리 은행의 개인 신용 통합 전산망이 아주 촘촘히 관리되고 있다. 그래서 단 한 건의 연체나 대부업체 대출 의뢰만 있어도 신용등급이 급락한다. 그리고 한 번 무너진 신용등급을 회복하는 것은 쉬운 일이 아니다. 돈을 버는 것도 물론 좋은 일이지만, 그 전에 금융권에 약점을 잡히지 않도록 개인의 신용관리에 만전을 기해야 한다. 은행의 예금금리는 1%대 이지만 신용대출금리는 이에 비한다면 어마어마하게 높다.

신용등급이 1등급의 경우 대출금리가 3.8%다. 이것도 예금 금리와 비교하면 약 3배 다. 그러나 문제는 그 다음 신용등급에 해당하는 사람들의 대출금리다. 신용등급 별 대출금리의 차이는 약 2.5% 수준이다. 이것도 5등급까지만 그렇다. 6등급부터는 대출금리가 급등하기 시작해 6등급의 신용대출 평균금리는 무려 17.8%다. 중간 등급의 신용대출금리가 이렇다는 것은 매우 놀랍고 부당하다. 이 기준은 그들이 만든 것이다. 부당해도 어쩌겠는가. 7등급은 21.2%, 8등급은 23.5%다. 신용등급이 낮은 사람들은 채무 상환이행도가 떨어져서 금리를 높게 받아야 한다고 그들은 말하지만 신용등급이 중간지대에 있는 사람들에게까지 이같은 고금리로 대출한다는 것은 그들의 이익만 추구하는 편의적인 발상이다.

만약 중간지대 신용등급을 가진 사람들의 채무상환 이행도가 급격히 떨어진다면 이는 우리나라 금융시스템의 근간이 무너지는 것이나 마찬 가지의 일이 벌어진다. 신용등급의 금리 적용에 있어 대출시장 수요자의 의견이 균형적으로 받아져야 지금의 신용대출이 부당거래라는 비난을 받지 않는다.

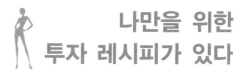

나만을 위한
투자 레시피가 있다

건축가가 위대한 것은 똑 같은 건축 재료로 남이 생각하지 못
하는 훌륭한 집을 만드는 능력에 있다. 이 능력의 기초는 창조성이
다. 남과 똑 같이 해서는 그저 그런 집 밖에는 지을 수밖에 없다. 재
테크 월드에서 부자는 그런 사람들이다. 같은 소득을 가지고도 평
범한 사람들을 능가하는 돈을 벌어드리는. 그 기초 역시 자신 스스
로 상품을 선택하고 디자인하는 능력이 있어야한다. 재테크에도 건
축가의 집짓기처럼 창조성이 요구된다. 이 지독한 저금리에서 조차
편리하다는 이유로 아니면 습관적으로 은행, 보험사에 가서 예금하
고 저축해서는 재테크의 효과를 기대 할 수가 없다.

지금처럼 실질금리 마이너스시대라면 은행, 보험사의 저축상품
은 과감하게 쓰레기통에 처넣고 다른 대안을 적극적으로 찾는 용기

가 있어야 한다. 돈도 기계처럼 기름칠하고 돌려야 늘어난다고 하지만 이런 상품으로 기름칠하고 돌려봤자 내 수고만 더 늘어난다.

만약 종자돈을 부지런히 모았다면 이 돈을 기초로 해서 부족자금은 저리로 대출받는다는 가정에서 상대적으로 수익률이 높은 저가의 소액 원룸주택에 투자하고 여기서 매달 발생하는 월세를 가지고 소액 채권을 사든지, 내수관련 우량주를 저축하듯이 장기간 투자를 한다면 그 수익률은 더 확장 될 것이다. 이것이 정답은 아니겠지만 자신에게 주어진 여건을 감안해 머리를 쓰다보면 상대적으로 높은 수익률을 얻을 기회는 얼마든지 있다.

당신의 재테크에 창조성을 부여하라. 예전 내가 다녔던 회사에서 정기적금에 매월 36만 7,000원을 2년 만기로 가입하면 정확하게 세전으로 1,000만 원이 만들어졌다. 저축할 맛이 났다. 지금 그 돈으로 같은 기간을 불입하면 이자가 거의 붙지 않는다. 이러니 은행권에 저축할 맛이 안 난다. 우리나라 저축률이 3%대로 급락한 것은 개인의 가처분소득이 줄어든 탓도 있겠지만 이처럼 낮아진 금리 탓도 크다. 적금을 들어도 이자가 거의 붙지 않으니 저축할 맛이 나지 않는 건 당연한 일이다. 그래서 어떡하면 돈이 늘어나는 재미도 맛보면서 안정성도 확보할 수 있을까 하는 문제를 생각해보지 않을 수 없다.

돈을 더 많이 벌고 싶다면 당신의 투자에 상상력을 불어 넣어라. 그들이 만들어놓은 틀에서 벗어나라. 누구나에게 천만 원의 돈이 주어줘도 같은 천만 원이 아니다. 누구는 이 돈으로 돈 까먹는 상품에만 투자해 종자돈이 빵 원이 될 수도 있지만 또 누군가는 이 돈으로 자신의 상상력을 불어 넣어 수익이 확장되는 상품에 투자를 해서 종자돈의 몇 배나 되는 돈을 만들 수가 있다. 같은 직장에 같은 월급을 받는 월급쟁이가 누구는 부자가 되고 누구는 왜 가난을 못 벗어 나는 가. 돈 생기면 허투루 쓰고 별 생각 없이 남의 말만 듣고 그 것이 똥인지 된장인지도 모르는 투자를 계속했기 때문이다.

금수저로 태어나 부모로부터 많은 돈을 상속받았어도 그 돈을 지킬 수 있는 지식과 노력이 없으면 까먹는 것은 한 순간이다. 또 흙 수저로 태어나 종자돈 모으는데 오랜 시간이 걸렸다고 해도 노력하고 제대로 된 투자를 하면 금수저로 운명이 뒤바뀌는 것도 한 순간이다. 그래서 인생은 드라마틱한 것이고 살만한 가치가 있다.

남들의 말을 따르지 말기 바란다. 대신 자신의 여건을 감안해 자신에게 맞는 투자법을 만들어라. 세상에서 나를 제일 잘 아는 사람은 그 누구도 아닌 바로 내 자신이다.

투자금도 적은 사람이 남 따라한다고 빚내서 투자하다보면 그나마 있던 종자돈도 날린다. 상품에 대한 정확한 이해도 없이 그들이 강력 추천 한다고 투자하면, 어느 새 원금이 새는 소리가 현실화된다. 그러나 그때는 이미 늦었다. 그들이 강력 추천하는 상품은 나에게 좋은 상품이 아니라 상품판매로 발생하는 수수료가 많은, 그들에게만 좋은 상품이다.

자신이 주도하지 못하는 투자는 항상 위험하고 그 피해는 고스란히 당신의 손해로 귀결된다.

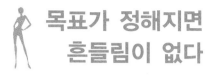

목표가 정해지면 흔들림이 없다

전세대란이 맹위를 떨치고 있다. 이제 전세가가 오를 대로 올라서 일부지역은 매매가 와 차이가 없어졌다. 이렇게 까지 전세가가 급등하는 이유는 아파트 가격이 더 이상은 오르지 않으리라는 암묵적인 합의가 시장을 관통하고 있기 때문이다. 우리에게 아파트는 주거공간이면서 가장 알찬 재테크 상품이었다. 분양에 당첨만 되면 입주도 하기 전에 프리미엄이 오르던 것이 일반적 가격패턴이 될 정도였으니 아파트 이상으로 내 가처분 소득을 늘려주는 효자상품은 없었다.

지금은 역사에 묻혀가는 얘기가 되었지만 90년대 말 강남 도곡동에서 분양된 타워 팰리스는 3.4m2(1평)당 분양가가 900만 원 이었음에도 미분양이었다. 그러던 타워 팰리스가 입주 10년도 안된 시점에 가서는 분양가 대비 4배 이상 올랐다. 어디 이곳 뿐일까. 핵심권 역내에서 분양된 아파트만이 아니라 서울을 포함한 수도권 전체지역에서 신규 분양된 아파트들은 지역적으로 차이는 있지만 모두 2배 이상 올랐다. 그러나 달도 차면 기우는 법. 당시 아파트시장을 주도하던 중대형 아파트는 애물단지로 변했고 투자의 경제성은 크게 후퇴하게 되었다. 그러면서 확산되어 가는 논리가 집은 사는 것(buying)이 아니라 사는 곳(living)이라는 개념이다. 즉 앞으로 아파트 가격이 오를 일은 없으니 집을 군이 살 필요가 없어졌다는 것이다. 여기에 수도권 구도심 전체에서 추진되어왔던 뉴 타운 재개발 사업으로 멸실 주택이 증가하면서 전세파동이 일어난 것이다.

그런데 이런 시장의 흐름을 무시하고 그래도 내 집을 사라고 말을 한다면 흐름을 역행하는 얘기가 될 수 있다. 그럼에도 집이 없는 사람은 내 집 장만을 목표로 재테크 계획을 세우라고 말하는 것은 두 가지 이유에서 다. 부동산 시장에서 중대형 중심의 아파트 시장은 맛이 간 것이 팩트임이 분명하지만 그 대신 소형아파트 그리고 서민주택으로 불러왔던 다세대 연립 빌라 등의 주택은 오히려 가격이 꾸준히 상승 해왔고 지금도 그 흐름은 여전하다. 그러니까 주택시장 전체가 맛이 간 것이 아니고 투자 물건에 따라 다르다는 것이다. 결론적으로 내 집 마련을 통한 경제성이 사라진 것은 아니다. 또 한 가지, 사람들은 목표가 세워지고 그 목표가 절박할수록 없던 힘도 내는 불가사의한 존재다. 역경을 극복하는 인간은 그렇게 탄생하는 것이다. 우리 주변에서도 역경을 딛고 성공한 사람을 많이 보지 않는가. 공부를 안 하던 아이도 스스로 목표를 세우고 정진하면 달라진다.

개인에게 내 집 마련이라는 것도 그렇지 않을 까. 내 집 마련이라는 목표를 세우고 실천하면 목표를 앞당길 수가 있다. 그 과정에서 합리적인 지출, 과학적인 투자는 필수적으로 따라온다.

거창한 목표를 세우지 않아도 된다. 사회초년생은 매월 월급에서 어떡하든 10만 원 이상 저축해 500만원을 만들겠다고 목표를 세우고 정진하면 된다. 그 다음 그 이상의 목표를 정하고 정진하면 그 이상의 종자돈이 만들어지고, 그 다음 또 같은 목표를 세우고 이 과정을 반복하다보면 무엇을 할 수 있는 의미 있는 종자돈이 만들어진다. 시대를 원망하고 자신을 탓하는 어리석음에서 벗어나 작은 목표라도 세우고 이를 실천해보자. 세상의 부자는 다 이런 방식으로 돈을 모으고 부자가 됐다. 부자가 되는 공식이 어디 있는 것도 아니고 현실만 탓해서는 아무 일도 생기지 않는다.

세상에 존재하는 사람들 중에서 소위 흙 수저를 물고 태어나는 사람들이 거의 대부분이다. 우리가 사는 세상은 역사적으로도 흙 수저를 물고 태어난 사람들이 이끌고 왔다. 영국에서 나온 리포트에도 콤플렉스를 갖고 태어난 사람이 일반사람들보다 더 성공 확률이 많다고 한다. 사람들은 자신이 숙명적으로 갖고 태어난 콤플렉스를 극복하기 위해 더 많은 노력을 한다.

나의 처한 현실로 남에게 동정을 구하고 이를 합리화 시키는 시간에 자기개발에 열성을 쏟고 매월 적은 소득이나마 10만 원이라도 저축한다는 생각을 하고 이를 실천해보자. 그 기간이 숙성되면 패배의식은 사라지고 도전의식은 커진다. 세상 별거 아니다. 노력하는 사람을 당할 재주는 이 세상에 없다.

임금의 왜곡 등으로 발생하는 사회악은 우리공동체가 연대해 정치적으로 해결하는 방법을 찾고 개인적으로 노력할 부분에 대해서는 핑계대지 말고 노력을 해보자. 인생은 그 누구도 아닌 나의 인생이다. 나도 이 늦은 나이에 이런 마음으로 살고자 노력한다. 다 쓰고 나면 별 내용이 없지만 나는 그 글을 쓰기위해 자료를 찾고, 읽고 해서 300페이지에 이르는 책을 완성한다. 이 과정은 매우 고난한 작업이다. 그래도 나는 게을러지지 말고 1년에 2권 이상은 책을 내는 것을 목표로 삼고 이를 지키기 위해 노력하고 있다.

연못에서 유유히 유영하는 오리 떼를 보라. 밖으로 보이는 모습은 평온해보이지만 오리들은 그 평온함을 유지하기 위해 보이지 않는 물 안에서는 물갈퀴가 쉬지 않고 움직인다. 성공한 사람들은 남에게는 보이지 않지만 때로 자신의 한계를 경험하고 세상을 원망도 한다. 그러나 포기하지 않고 그 고통을 극복했기에 성공이라는 면류관을 쓰게 된 것이다. 세상에 금 수저로 태어나 평생 호의호식하며 산 사람이 인생의 진면목을 알 수나 있겠는가. 부러우면 지는 거다.

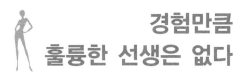

경험만큼
훌륭한 선생은 없다

진화심리학자들은 인간은 신체뿐 아니라 정신적·도덕적으로도 진화한다고 말한다. 그래서 그들은 이렇게 말하고 있다. 두 살 먹은 아이에게 총을 쏠 수 있는 힘이 주어진다면 지구촌 전체 인구의 절반은 죽었을 것이라고.

사회 경험과 인생 경험이 쌓이다 보면 세상을 바라보는 시각 자체가 한쪽으로 치우치지 않게 된다. 좋은 말로 하면 어른이 되는 것이고, 달리 표현하면 현실과 적극적으로 타협하게 된다는 말이다. 재테크 월드에서도 나이는 숫자에 불과한 것이 아니다. 경험이 쌓이면 그 대가가 반드시 주어지는 것이 재테크 월드다. 돈을 논하기 전에 지식과 경험을 쌓아야 한다.

산업이라는 측면에서 자본이라는 것은 일반적으로 '현금화할 수 있는 돈', 그러니까 현금 이외에 주식, 채권, CP(Commercial Paper, 기업어음), 받을 어음, 매출채권 등 현금화할 수 있는 모든 유가증권을 포함하는 말이다. 그러나 이것뿐일까. 어쩌면 눈에 보이지는 않지만 한 인간이 사회생활을 해 나가면서 수행하게 되는 여러 활동과 이로부터 얻어지는 경험도 자본이 아닐까. 어쩌면 오히려 이것이 눈에 보이는 현물 자산보다 더 큰 자본이 될 수 있다. 이 때문에 사람에 대한 기대치에 있어서 그가 살아오면서 수행했던 일의 퍼포먼스에 더 큰 가치를 두는 것이다.

사회초년생들은 현물보다 더 중요한 이 경험 자본을 본격적으로 쌓아야만 하는 시기다. 개인의 신용 상태도 자본이라고 할 수 있다.

예전에 내가 법인 영업부에서 일할 때, 신용이 낮은 대기업 계열사들은 모기업이 발행한 융통어음에 전면보증을 해주는 방법으로 아무런 담보 없이도 손쉽게 자금을 조달할 수 있었다. 기업이 단기 자금을 구하기 위해 일종의 융통어음이라 할 수 있는 CP를 발행해 자금을 조달하는 것도 같은 이치다. 단, 조건은 있다. 공신력 있는 국내 신용기관 평가에서 일정 등급 이상을 받은 회사만 CP를 발행할 수 있다. 개인이나 법인이나 신용은 돈이나 마찬가지다.

개인사업자가 그나마 신용으로 자금을 조달할 수 있는 방법은 신용보증기금을 통해 지급 보증서를 발급받는 것이다. 이때 신용보증기금의 가장 중요한 평가 지표가 되는 것은 사업 주체의 신용 상태와 그동안의 사회적 업적 등이다. 이렇게 해서 신용보증기금에서 지급 보증서를 발급받아 이를 은행에 제출하면 담보 없이도 저리로 신용대출을 받을 수 있다.

이런 사례에서 보듯이 자본은 현재 내가 쥐고 있는 현금성 자산만이 전부가 아니다. 그러므로 지금 사업을 준비하고 있거나 미래에 사업을 꿈꾸는 사람이라면 의당 개인 신용을 잘 관리해둬야 한다. 그야말로 신용은 또 다른 이름의 자본이기 때문이다.

그럼, 이것만이 자본의 전부일까. 아니다. 또 있다. 우리는 회사를 다니든 개인 사업을 하든 사회생활을 하면서 자신에게 주어진 수많은 미션을 감당하게 된다. 미션을 수행하는 와중에 실패를 할 수도 있다. 그러나 분명한 것은, 설사 실패하더라도 다음에 다시 같은 미션이 주어진다면 이전 경험을 바탕으로 더 완벽하게 미션을 수행할 수 있는 능력을 갖추게 된다는 사실이다. 세상 일이라는 건 어찌 보면 같은 일의 반복이다. 같은 일이라도 누가 더 완벽하게 해냈는가에 따라 성공과 실패가 결정된다. 사실 성공과 실패는 종이 한 장 차이다.

시간이 지나면서 이런 경험들이 쌓이고 쌓여서 실패의 오류를 줄이고, 실패에 따르는 소모비용을 줄일 수 있게 된다. 이러한 경험을, 시간과 비용이 많이 든다는 식으로 단지 돈으로만 계산해선 곤란하다. 바로 이것이 경험자본이라는 눈에는 보이지 않는 자본이다.

내가 한창 필드에서 일할 당시 우리 부서의 에이스들은 30대 초반의 입사 3~5년차 직원들이었다. 뒤에서 컨트롤 타워 역할을 하는 중간 간부들은 필드에서 직접 일하지는 않더라도 직원들의 퍼포먼스를 정확하고 냉정하게 평가할 뿐 아니라 향후 방향을 제시할 줄 아는 능력의 소유자들이었다. 그들이 그런 내공을 갖추게 된 것은 현재 그들이 필드에서 활동을 하지 않더라도 이미 같은 일을 해본 경험자본을 갖고 있기 때문이다. 무엇이 됐든 열정적으로, 성실하게 일하라. 이것이 훗날 그대들에게 피가 되고 살이 된다.

우리 경제의 구조적 모순을 말하기 전에 나는 왜 수많은 사람이 대기업만을 선호하고 죽기 살기로 공무원이 되려고 청춘의 그 귀중한 시간을 허비하는지, 그 이유를 이해한다. 하지만 꼭 그 길밖에는 없는가 하고 반문하고 싶다. 중소기업의 환경이 열악하다는 것을 모르는 사람은 아무도 없다. 그러나 중소기업에서 쌓은 1년 경력이 나의 또 다른 미래를 위한 기회가 된다는 것은 왜 모르는가.

사회에 나와 보면 알게 되는 사실이지만, 사회생활에서 스펙이니 레퍼런스니 하는 것들은 학벌의 사다리 타기에 성공한 상위 1%의 관공서에 취업한 사람들에게나 해당되는 얘기다. 현실에서는 사회생활을 하면서 성취한 퍼포먼스로 개인의 능력을 평가하기 마련이다.

하버드대를 나오건 서울 대를 나오건 중요한 건 그게 아니다. 실력이 없으면 안 된다는 사실이다. 인사 담당자라면 다 아는 얘기지만, 지금은 소위 레퍼런스가 뛰어난 사람들의 이력서가 넘쳐나고 있는 시대다. 물론 연줄로 원하는 회사에 들어가는 사람도 있기는 할 것이다. 하지만 이는 소수다.

스펙이 떨어진다고 해서 기죽지 마라. 내가 살아온 경험으로 말하건대, 나를 포함해 자기 분야에서 성공했다는 내 주변 사람들은 스펙이나 학벌과는 관계없이 묵묵히 자기 능력을 쌓아온 사람들이다. 또한 이런 사람들이 우리 사회의 중심을 잡아주니 그나마 우리

사회가 돌아가는 것이다.

그래서 하는 말인데, 무슨 일이든 먼저 경험하는 사람이 성공할 가능성이 높다. 미래에 당신에게 돈은 물론이고 성공을 안겨줄 더 귀중한 자산은, 눈에 보이지는 않지만 돈보다 더 큰 가치를 지닌 경험이라는 자본이다.

대기업 회사원이나 공무원이 아니면 세상이 무너질 것처럼 굴지 말라. 그렇게 늦은 나이까지도 그 좁은 문을 통과하기 위해 인생을 낭비하지 말라. 세상은 무엇을 하든 열심히 하는 사람에게 보상을 해준다. 물론 이 비정상적인 세상에서 이런 정상적인 말이 현실감이 떨어진다고 생각할 수도 있을 것이다. 그러나 돌아보면, 역시 세상을 정직하게 열심히 사는 사람이 성공도 하고 인생을 풍요롭게 산다.

아이들의 미래를 돈으로 살 수는 없다

어느 시점부터 우리 부모들은 아이들의 미래를 돈으로 살 수 있다고 생
각하는 것 같다. 하긴 너무나 미래가 불투명한 나라에 살다보면 이런
착각을 하는 것도 이상한 일은 아니다.

그리하여 우리는 우리의 노후생활을 위해 꼭 필요한 돈까지 아이들에
게 아낌없이 내준다. 아이들의 얘기는 들어보지도 않고.

나는 아이들을 위해서 내 모든 것을 내주었다고 말하지만 돌아오는 것
은 무한경쟁에 아이들을 혹사시키고 정작 아이들은 자신이 무엇을 원
하는지도 모른채 성인이 되어간다. 돈은 돈대로 쓰고 아이들은 성년이
됐음에도 자신의 길을 찾아가지도 못하고 찾아갈 용기도 없다.

그러니 우리아이들이 상위 1%만 성공하는 교육시장 언저리에서 방황
을 하고 있는 것이다.

자식농사를 잘 짓는 것도 투자다.

다원화되고 IT 기술이 지수함수적으로 변하는 세상에서 아이들을 학
력만으로 줄세우는 교육시장에서 무엇을 기대하는가. 아이들의 미래
를 위해서 지혜롭게 돈을 쓸 수는 없을까.

유대인 사회에서는 한 개인이 그의 일생에서 가장 축복받는 날이 13세
가 되면 맞이하는 성년식이라고 한다.

이 날이 되면 결혼식보다 더 화려한 성찬식이 거행된다. 지역 내의 모

든 유대인 가족이 이 날을 함께 축복하고 축의금을 낸다.

이렇게 들어온 축의금은 부모와 자녀가 함께 공동관리한다. 이 과정에서 자녀는 실물경제에 눈뜨게 되고 투자공부도 한다.

부모는 자녀와 공동관리 해왔던 축의금과 그 운용결과로 얻어진 수익을 모두 자녀가 법정 성인 나이가 되면 그들에게 준다.

자녀들은 그 돈을 가지고 공부에 관심이 있으면 대학을 가고 아니면 자신이 하고 싶은 일에 투자한다. 이 모든 결정권은 자녀에게 있다.

부모는 돈으로 아이의 미래를 결정하는 존재가 아니다. 그들의 선택을 도와주는 존재다.

만약 우리 아이들이 성인이 되었을 때 우리가 이런 결정을 일찍부터하고, 자녀의 선택을 존중해 주었다면 자녀들은 우리에게 어떻게 답할까.

자신의 선택을 참고 기다려준 부모에게 오히려 고마워 할 것이다.

대한민국의 비극은 아이들의 재능을 발견하기도 전에 획일적으로 학벌의 사다리차에 줄세우는 일이다. 자식농사도 투자라면 미래를 내다보고, 아이들이 행복한 선택을 하기까지 기다려주면 안 되는 것인가.

나쁜 금융상품을 버릴 수 있는 용기

재테크를 하는데 있어서 나쁜 금융상품을 찾아내서 버릴 수 있는 용기만 있다면 절반은 성공하는 것이다. 우리는 재테크를 한다고 하면서도 반복적으로 돈 까먹는 일만 하는 이유가 바로 나쁜 금융상품의 틀 속에서 하지 않아도 될 고민을 하기 때문이다. 고민할 문제가 아니다. 그래도 만기가 되지 않아서 미련을 버리지 못하겠다면 발생하는 경우의 수를 기회비용의 개념을 가지고 따져 보기 바란다.

금융상품의 비교우위는 어떻게 평가하는 것이 가장 객관적인가. 이 근본적인 질문에 답하지 않고 소위 말하는 은행권 보험사 자산운용사 등 간접투자 상품만을 가지고 투자 상품의 경제성을 논하는 일은 타당하지 않다.

세상에 존재하는 모든 투자 상품은 그 것이 무엇이든 간에 투자 상품의 수익성 안정성 환금성을 가지고 비교 평가해야한다. 이런 관점에서 평가 한다면 은행 보험사 자산운용사에서 판매하고 있는 금융상품은 경제성이 떨어진다. 펀드나 보험사 상품처럼 환금에 따르는 위약금이 많고 안정성 수익성이 떨어지는 상품이 경제성이 있는 상품으로 포장되어 판매되는 것은, 우리가 그들의 만든 프레임 안에서 금융소비를 한다는 결정적인 증거 다. 보험사의 연금 상품이 본질에서 벗어나 고객을 가난하게 만들 뿐이라는 사실은 아무리 재테크 초보자라 해도 간간히 나오는 비교적 객관적 팩트를 가지고 쓴 기사를 검증하면 다 알 수 있는 것임에도, 우리는 아직도 이 경제성이라고는 전혀 없는 상품을 가지고 살 것인지, 말 것인지 그 선택을 고민한다. 이거 잘못 되어도 한참 잘못 된 것 아닌가.

"변액 연금 보험 46개 중 18개가 10년 후 해약해도 원금이 손실되는 상품이다. 공정거래위원회가 최근 발표한 K-컨슈머 리포트를 둘러싸고 생명보험협회와 진실 공방전을 벌이고 있는 금융소비자연맹이 이 같은 내용의 변액 연금 보험에 대한 비교평가 결과를 추가로 발표했다.

금소연에 따르면 변액 보험의 사업비용은 평균 11.61%(설계사 판매료)다. 이는 보험료 납입과 동시에 보험사가 사용한다. 보험사가 내세우는 보장금액(변액 연금 500만원 수준)에 들어가는 비용(위험보험료)은 납입보험료의 1.17%(납입보험료 20만원 중 2,333원, 설계사 판매상품의 평균)에 불과한 수준으로 공제금액의 90.9%가 사업비용으로 집행된다.

금소원 보험국장은 "변액 보험의 펀드 수익률이 연평균 4%라고 가정한다고 해도 10년이 지나서 해약 환급금이 원금 수준이라는 것은 소비자들이 정확히 알고 가입해야 할 것"이라고 말했다.

위 기사의 출처는 공정거래 위원회가 발표한 K- 컨슈머 리포트를 기초로 작성됐다. 신뢰가 가는 기사내용이다. 기사내용대로 변액 연금의 수익률 결과가 이렇다면 이런 상품은 쓰레기 통으로 직행하고 다른 대안을 찾아야 함에도 이게 쉽지 않은 일인가 보다.

보험사의 오프라인 영업이 위축되면서 최근 급성장하고 있는 것이 홈쇼핑, 콜센터의 텔레마케팅이다. 특히 보험사의 텔레마케팅은 제한된 시간에 설명이 가능한 소액 저축성 보험에 집중된다. 사람들은 몇 만 원 단위의 소액이고 금리도 은행예금보다 높다는 말에 솔깃해 이 보험에 가입한다. 그러나 막상 가입하고 나서 실제로 받게 되는 금리를 은행금리로 환산해 계산해보면 속았다는 것을 곧바로 알게 된다.

보험사 저축성 보험의 금리계산법에 따르면 보험료에서 사업비를 공제하고 난 후 금리가 계산된다. 그런데 여기서 사업비용은 보험 가입 초기에 집중적으로 공제되기 때문에 보험 가입 후 1년 이내에 해약하는 경우는 원금의 절반도 찾기 어렵다. 아무리 보험사의 마케팅 방식이 안하무인격이라고 해도 계속 이들에게 속는다면 그렇게 속는 개인에게도 문제가 있다.

더 큰 문제는 노후 준비를 위한 상품으로 보험사의 연금, 저축 보험, 은행의 연금 상품을 선택하는 사람이 70%(복수 응답)가 넘는다는 사실이다. 그러나 이런 상품들로 노후 준비를 한다는 것은 스스로 노후를 포기하겠다는 것과 같다. 금리가 물가상승률을 넘지 않는 초저금리 시대에 은행이나 보험사의 저축상품으로 노후를 준비하는 사람은, 내 노후 자금을 포기해 은행과 보험사 임직원을 먹여 살리겠다는 박애주의자가 아니라면 멍청한 사람이다.

은행, 보험사의 저축성 상품만이 아니다. 펀드, 은행, 증권, 보험사의 연금 상품은 정도는 다르지만 우리 노후를 가난하게 만든다는 점에서는 같다. 자금 관리에서는 돈을 더 벌기 이전에 이런 잘못된 금융 거래로 발생하는 손실을 줄이는 것이 먼저다.

그런데 왜 우리는 이런 잘못된 금융 거래를 반복하는 걸까. 인간은 천성적으로 객관성을 입증하지 못하고 자기 판단을 과신하는 경향이 있다.

왜 우리는 채권, 주식에 투자하는 일에 있어 간접투자를 하는 것을 당연시 할까. 직접 증권시장에서 채권, 주식을 투자하면 정말 펀드회사의 펀드매니저가 운용하는 펀드들 보다 수익률이 형편 없어지는 것일까. 내 경험으로 단언컨대 그렇지 않다고 말 할 수 있다.

펀드 매니저들을 대상으로 한 주가 예측 실험 결과를 보면 이들의 정확도는 47%에 불과했다. 이 결과는 동전 던지기를 하면 나오는 결과인 50%보다 못하다. 그럼에도 펀드 매니저들은 자기 예측의 정확성에 대해서는 65%의 신뢰도를 보였다. 그들은 자기들의 판단 능력을 과대평가함으로써 결과를 좌지우지할 수 있다는 착각에 빠져 있을 뿐 아니라 위험을 과소평가하게 만듦으로써 잘못된 결과를 초래한다.

이들은 자신들의 막강한 인맥 네트워크를 활용해 고객의 충성도를 이끌어낸다. 하지만 이들은 고객의 이익을 챙겨주기보다는 고객이 내는 수수료로 연명하는 잉여집단일 뿐이다. 그럼에도 우리는 그들이 우리 지갑을 채워줄 것이라고 믿으며, 매번 당하면서도 펀드 투자를 고집한다. 이 정도로 당하고도 펀드에 투자하는 사람에 대해서는 어떻게 말해야 할까.

세상의 모든 일은 개인의 정성이 뒤 따르면 보상이 주어진다. 여러분이 지금 봄철 채소인 알타리 무로 김치를 담근다고 해보자. 김치를 담그는 과정은 매우 복잡하고 어렵다. 우선 채소를 소금에 절여야 하고, 다시 채소의 소금기를 제거하는 과정을 거친 뒤, 찹쌀로 쑨 풀을 그 위에 얹고, 멸치액젓을 사다가 붓고, 온갖 양념으로 버무려야 겨우 작업이 끝난다.

이렇게 힘들고 시간을 낭비하느니 손쉽게 동네 마트에서 김치를 사먹고 싶은 마음이 간절해진다. 그러나 김치를 담그는 과정은 어렵지만, 그 과정에서 내 몸에 좋은 재료를 내가 직접 선택할 수 있고 적은 비용으로 많은 양의 질 좋은 김치를 먹을 수 있다. 마트나 시장에서 손쉽게 김치를 사먹을 수는 있지만, 김치에 들어간 재료가 무엇인지 나로서는 알 길이 없고 가격도 비싸다. 결론적으로 말하면, 김치를 직접 담가 먹는 것은 그 과정은 결코 쉽지 않지만 종국에 가서는 내 몸에도 좋고 무엇보다 적은 비용으로 질 좋은 김치를 많이 먹을 수 있다.

현재 우리가 간접 투자하는 금융상품은 동네 마트에서 사먹는 김치와 같은 것이다. 겉보기에는 화려하지만, 정작 어떤 재료가 들어갔는지도 모르고 원가가 얼마나 되는지도 모른다. 현재 금융시장에서 판매되는 금융상품은 마트에서 파는 김치와 같다. 어떤 재료를 썼는지도 모르고 원가가 얼마나 되는지도 모른 다. 손실이 발생하면 그 책임은 투자자가 모두 져야 한다. 이렇게 부당한 상품이 세상에 어디 있는가. 그런데도 지금 당신은 금융회사의 거짓말에 속아 그들의 이익에만 기여하는 금융상품에 투자하고 있다.

만인이 정보를 생산하고 소비하는 시대에 인터넷이 공급하는 콘텐츠 양은 엄청나다. 알려고만 하면 몇 번의 클릭만으로 원하는 정보에 접근하는 일이 어렵지 않다. 그러나 그 인터넷에도 정보의 사각지대는 있다. 그리고 인터넷은 개인을 자신들의 이익의 도구로 삼는 자들에 의해 역정보가 끊임없이 생산되고 유통되는 곳이기도 하다. 악화가 양화를 구축하는 곳이 인터넷 공간이다.

인터넷에서 재테크에 대한 정보를 얻기 위해 만약 '금융상품', '수익성 부동산' 이란 단어를 치고 통합검색을 클릭하면 그 순간부터 금융회사와 부동산회사들이 그들의 이익이 되는 한에서 유용한 정보들이 인터넷 창을 도배하다시피 한다. 여기에 잘못 걸려들면 망하는 것은 한순간이다. 인터넷에서 얻은 정보를 맹신해서는 절대 안 된다.

인터넷을 통하면 재테크에 관한 엄청난 정보를 얻을 수 있다. 인터넷은 금융회사들에게는 프로모션을 펼치는 중요한 창구다. 때문에 금융회사에 속해 있는 비정규직 영업직들의 극성스런 영업활동이 객관적인 정보 유통을 사실상 불가능하게 한다. 이런 환경에서 금융에 무지한 초보자는 그들의 먹잇감에 되기에 딱 좋다.

인터넷이 정보의 생산과 유통이라는 측면에서 긍정적이라는 사실은 부정할 수 없다. 그러나 그 공간을 자신의 영업활동에 이용하는 세력이 매우 많다는 것을 우려하지 않을 수가 없다. 그들은 자기들에게 이익이 되는 한 소비자가 피해를 보든 말든 전혀 개의치 않는다. 그들에게 소비자의 손실은 언제나 그들의 주머니를 채워주는 눈먼 돈으로 돌아오기 때문이다. 보험사 영업사원들이 죽기 살기로 판매에 극성을 부리는 이유가 무엇 때문이겠는가. 그들 대부분은 비정규직 개인사업자로서, 본사로부터 나오는 고정급여 한 푼 없이 상품 판매 수수료만으로 생계를 유지한다. 이러니 죽기 살기로 판매에 목숨을 거는 것이다.

좋은 금융상품과 나쁜 금융상품을 구분하는 잣대는 다른 게 아니다. 해당 금융상품이 안정성에 문제가 없다면 적어도 개인 소득을 늘려주는 이자를 지급하는가의 여부, 상품 운용에 따른 수수료 비율, 그리고 마지막으로 원금 손실에 대한 책임 소재를 따져보면 된다.

준비된 자에게
금융위기는 기회다

참으로 사람사는 세상은 묘하다.

내 주변에는 정말 말 잘하고 똑똑한 사람들이 많다. 아는 것도 별로 없고 말 주변이 없는 나로서는 그들이 부럽다. 그런데 이렇게 똑똑한 사람들이 정작 돈 버는 재주는 없다. 그런데 그들은 돈 많은 사람들을 자문해 주고 강의하면서 먹고 산다. 아이러니하다. 왜 똑똑하고 많이 안다는 그들의 투자 레코드는 형편없는 것일까.

투자는 기술이 아니기 때문이다. 여유자금없이 투자기술만으로 돈을 번다는 것은 이 변화무쌍한 시장에서는 가능하지 않는 일이다. 시장은 돌고 돈다. 위험과 기회는 반복된다. 따라서 시간을 지배하는 자가 성공의 확률이 높다. 투자공간을 지배한다는 것은 결국 충분한 여유자금이 준비된 사람에게만 허락된 것이다.

재테크란 말은 일본에서 시작된 말로, 돈에 공학적 기술을 결합시켜 대박을 노린다는 뜻이 다분하다. 그런데 이런 결과는 여유자금을 갖고 있는 사람이나 얻을 수 있다. 그래서 사실 청년들은 재테크에 관심을 가질 시간에 자기개발에 매진하여 자신의 경제적 가치를 높이는 게 더 현명한 일이다. 이 이상의 경제적 효과는 없다. 따라서 청년 시기에는 미래를 준비하는 단계를 충실히 밟아 그 후 소득을 만들고 관리하는 자금 관리를 습관화하는 것이 기회비용 측면에서 더 낫다. 청년들의 재테크 붐이 꺼진 것은 다행스러운 일이다. 돈을 기술로 번다는 게 가능한 일이 아니라는 걸 그들이 깨달았다고 믿기 때문이다.

사실 투자 위험이 매우 크다는 주식의 경우도 돈이 많은 사람은 위험이 확 줄어든다. 다들 아는 사실이지만, 최근 주식시장을 보면 내수시장에서 시장지배력이 확실한 독점적 기업에 투자하고 기다릴 수 있는 자금력만 있으면 주식으로 돈 버는 것은 어려운 일도 아니다. 주식시장의 변동성을 이기는 가장 확실한 무기가 바로 주식투자의 실탄이 되는 돈이기 때문이다.

그러나 돈이 없는 사람이 대박을 노리는 경우 아무래도 레버리지를 해야 하는데 이럴 경우 위험은 증폭된다. 주가가 폭락이라도 하면 깡통계좌를 피하기 위해, 시간이 지나면 전 고점을 회복하리라는 믿음이 있어도 신용 물량을 정리해야만 한다. 다 실탄, 즉 돈이 부족한 탓에 일어나는 일이다.

공학적 의미에서 재테크는 여유자금 없이는 성공할 수 없다. 돈 없는 사람이 돈 없이도 레버리지 테크닉만 있으면 재테크가 가능한 것처럼 말하기도 한다. 하지만 이건 말이 안 되는 소리다. 레버리지로 증폭된 리스크를 통제하고 관리하는 일은 세상 누구도 할 수 없다. 부자로 살고 싶은가. 그렇다면 욕심을 부리기 전에 자기개발에 최선을 다하고 사소한 돈이라도 귀하게 여기는 마음을 가져라.

인생에서 진실은 고통을 인내하는 것과 결국은 죽는다는 것뿐이다. 죽기 전에 고통의 임계점을 경험하지 못했다는 것은 참다운 인생의 의미를 모르고 죽는다는 것과 다르지 않다. 고통의 임계점을 경험하지 못한 사람에게 성공이라는 과실은 없다. 공부로 성공하기 위해서는 남보다 압도적인 학습량이 필요한 것처럼, 지금 경제적 성공을 꿈꾸고 있다면 소득을 만들고 관리하는 자금 관리를 먼저 습관화하라. 통장만 많이 만든다고 무엇이 달라지는가. 이는 쓸데없는 자기만족이다. 자금 관리에 창조의 가치를 불어넣어라. 이것이 남과 같은 조건에서 시작해도 큰 차이를 만들어낸다.

소득이 적은 사람이 네 개의 통장을 만들어 사용내역에 따라 따로 관리한다고 부자가 될 수 있는 게 아니다. 지속적으로 소득을 확보하고 관리하는 것이 부자로 가는 첫 걸음이라는 것을 반드시 기억하라. 부자가 되는 길은 많은 인내심을 필요로 한다. 무슨 일이 됐든 시작이 중요하다. 처음부터 올바른 자금 관리 습관에 길들이지 않으면 돈 관리가 제대로 될 리 없고, 그에 따른 보상 심리로 '한 방'을 기대하는 것이 모든 인간의 심리다. 그렇게 거의 모든 사람이 부자가 되려는 초심에서 멀어져 평생을 돈 걱정 하며 살고 있다.

얼마를 벌든 소득의 절반은 저축한다는 생각으로 살아라.

남들보다 소득이 적다고 실망하지 말기 바란다. 내 주변에는 소득은 적지만 시간이 흐르면서 누구보다 잘사는 사람들이 많다. 돈은 어떻게 규모 있게 쓰는가에 따라 그 가치가 달라진다는 사실을 명심하고, 올바른 재테크 습관을 세우고 실천하기 바란다.

준비된 자에게는 금융위기는 기회이지 위험이 아니다. 금융위기가 오면 우량채권, 잘나가는 기업의 주식까지 똥값이 된다. 금융위기로 환율이 급등하고 시중금리 역시 폭등한다. 금융위기가 오면 사람들은 공포감에 빠져 우량자산까지 투매한다.

투자의 격언 중에는 이런 말이 있다. "사람들이 두려워 할 때 욕심내고 사람들이 욕심을 낼 때 두려워하라"고 IMF외환위기부터 서브프라임 모기지론 금융위기 등 등, 금융위기 당시의 시장의 모습을 복기해보기 바란다. 사람들이 공포에 사로잡혀 우량자산까지 투매에 나서는 시점에 두려워하지 않고 그들이 투매한 우량 자산을 똥값에 매입한 사람들은 시장의 공포를 역이용한 사람들이다.

반면 신용거래로 주식을 산사람들은 위기가 곧 극복될 것이라는 것을 알아도 투매에 나선다. 빚내서 주식을 샀으니 당장 깡통계좌가 되기 전에 주식을 처분 할 수밖에 없기 때문이다.

금융위기 시기에는 금리가 폭등하기 때문에 확정금리상품인 회사채의 수익률이 급등한다. 그래서 금융위기가 발생한 시기에 각각의 투자 상품 평균수익률을 비교해보면 항상 회사채의 수익률이 타 상품의 평균수익률을 압도한다. 금융위기에 쫄지 않으려면 든든한 실탄이 준비되어 있어야 한다.

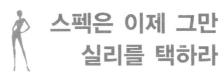

스펙은 이제 그만
실리를 택하라

아직까지 현직에 있는 친구들에게 물어보면 학벌, 고스펙으로 무장한 소위 레퍼런스가 매우 뛰어난 이력서가 차고 넘친다고 한다. 서울대를 나오던 하버드대를 나오던 그게 중요한 것이 아니라 실무에서 바로 성과를 낼 수 있는 진짜 실력을 가지고 개인을 평가하는 시대다.

이연복 세프가 좋은 학교를 나와서 훌륭한 요리사가 된 것이 아니다. 비록 화교출신에 제도교육은 초등학교에서 멈췄지만 실력에서 압도적인 능력을 검증받았기에 존경받는 요리사가 된 것이다. 정치가 후진국 수준이라 그렇지 이것만 봐도 우리사회는 좋은 방향으로 진화하고 있다.

월급 많이 주고 상대적으로 안정된 대기업이나 금융회사에 취직

하려고 스펙을 쌓고, 철밥통 직업인 공무원이 되려고 사회 진출을 미룬 채 오늘도 도서관에서 시간을 보내는 청년들에게 "그거 아니다"라고 말할 수 있는 사람은 아무도 없다. 그만큼 우리가 사는 세상은 매우 불안정하고, 국가는 우리의 기초적 경제생활도 보호하지 못하고 있다. 하지만 나는 그래도 그것이 근원적인 해결책이 될 수는 없다고 말하고 싶다.

스펙이 다소 모자라 원치않는 중소기업에서 먼저 사회생활을 시작하더라도 이것은 기회비용 측면에서 볼 때 스펙을 더 쌓느라 1년이나 2년을 기다린 뒤에 대기업이나 금융회사에 들어가는 것 이상으로 경제적 가치가 있다. 중소기업에서 1년을 알차게 보내면 토익점수 100점 더 받는 것 이상의 살아 있는 지식과 많은 경험자본을 쌓게 된다.

대기업은 조직이 매우 방대해 미로 같은 업무영역 안에서 자신의 존재감조차 찾기 어렵다. 그러나 중소기업은 조직이 작아서 자신의 직능 분야 이외에도 큰 틀에서 조직의 움직임을 볼 수 있다. 어찌 보면 업력이라는 측면에서는 더 큰 미션을 수행할 수 있는 힘을 키울 수 있다. 이렇게 1년, 2년 경험을 쌓아나가다 보면 자신감에 힘이 붙게 되고 사회생활에 대한 막연한 두려움도 사라지게 된다. 또한 중소기업에서는 회사가 커나가면서 자신도 함께 커나가는 것을 바로 확인할 수 있다. 무엇보다 대기업이 상대적으로 안정적이라는 생각은 착각이다. 무한경쟁의 첨병 역할을 하는 대기업 조직에서 나의 위치는 내 능력과 관계없이 그들의 경영전략에 따라 언제든 사라질 수 있다.

공무원은 어떤가. 우리나라 공무원은 9급으로 들어가도 요람까지는 아니지만 죽어서 무덤에 들어가는 순간까지 국가가 그 신분을 보장한다. 이러니 대기업에 들어간 젊은이들마저 회사를 나와 소위 '공시족' 대열에 합류하는 것이다. 그러나 공무원은 신분이 안정적일 수는 있지만, 투철한 봉사의식 없이는 매년 반복되는 업무의 지루함 탓에 청년의 열정을 가진 젊은이가 만족하기는 어렵다. 물론 공무원이 되는 그날까지 노량진 고시촌에서 서식하겠노라고 마음먹은 사람을 말릴 생각은 없다.

이럴 수밖에 없는 현실을 인정하면서도 나는 이런 세태가 매우 안타깝다. 청년세대에게는 세상의 모든 길이 낯설다. 누구에게나 처음 가는 길은 두렵다. 용기가 나지 않는다. 적당히 타협하고 안주하고 싶다. 그러나 그 길을 이미 통과해본 경험이 있는 사람은 두려움이 없다. 오히려 그때 내가 왜 현실에 안주해 어리석은 선택을 했는지 후회하는 경우가 많다.

지천명에 이른 나이에 세상을 보는 눈은 절대 한 사람의 주관이 아니다. 그 주관은 경험과 통계치를 바탕으로 하는 것으로, 보편적으로 받아들일 수 있는 '객관' 의 힘을 갖고 있다. 내 주변의 친구나 동기들은 경험과 경력, 직업 등에서 매우 다양한 스펙트럼을 가지고 있다. 그들의 인생사를 평가할 자격이 내게는 없다. 나는 안정된 직장을 일찍이 포기하고 상대적으로 험한 인생을 살았다. 그러나 안정된 직장을 포기할 수 있었기에 내가 갖고 있던 잠재적 재능을 이끌어낼 수 있었고 다양한 일을 할 수 있었다. 작가가 될 수 있었던 것도 남들이 가지 않은 길을 용기를 내어 갔기 때문이라고 믿고 있다.

내 선택이 훌륭하다고 말하는 것은 아니다. 세상에는 빛이 있으면 그늘 또한 존재하는 법이다. 내 인생에도 짙은 그늘이 어김없이 찾아 왔고, 그로 인해 고통 받는 일이 많았다. 그러나 대신에 나는 내가 그 누구에게도 경제적으로 구속받지 않았고 내 인생의 주체로 살아왔다는 것에 만족한다.

하지만 어떤 선택을 하든 안정적인 소득은 필요하다. 안정적인 소득이 없으면 개의 꼬리가 몸통을 흔드는 "왝 더 독" 현상이 발생한다. 두려움 없이 내가 하고 싶은 일을 선택했지만 경제적인 능력이 부족한 탓에 하고 싶은 일을 제대로 못하는 경우가 여기에 해당된다.

내 말에 모순이 있다는 것을 잘 알고 있다. 그럼에도 무슨 일을 하든 최소한의 먹고사는 문제는 스스로 해결해야 한다.

인생의 여러 갈래 길에서 어떤 선택을 하든 그것은 전적으로 개인의 몫이라고 생각한다. 그러나 그 선택이 안정성을 담보하려면 지속적인 소득을 만들어내야 하고 그 시간은 앞당길수록 유리하다.

자연수명이 아무리 늘었다고는 하나 봄, 여름, 가을 그리고 겨울을 아무리 길게 잡아도 100번을 반복하면 세상의 먼지로 돌아가는 것이 우리 인생이다. 누군가가 말했다. "세계는 넓고 할 일은 많다"고. 나는 이 말이 여전히 유효하다고 생각한다. 자신의 미래를 스스로 좁은 프레임에 가둬놓고 자신의 재능을 마음껏 발휘하지 못한 채 세상을 뜨는 인생은, 그것이 아무리 안정성을 담보한다고 해도 너무 억울하지 않은가. 이런 말조차 경제 확장기 시대를 살아온 탓에 요즘 세상을 모르는 꼰대들의 시각이라고 폄하한다면 할 말은 없다. 그러나 사회생활 입문 초기부터 자신의 가능성을 확정짓는 일에 미래를 거는 것은 다시 한 번 생각해볼 일이다.

친절한 금자씨는 어떻게
부자가 되었을까

착하게 사는 사람이 결국에 가서는 잘 된다. 개인의 경험에서 비롯된 일반화의 오류라고 말한다고 해서 이를 부정할 생각은 없다. 그러나 타인에게 폐를 끼쳐가며 자신의 이익만 쫓는 사람은 끝이 안 좋다. 꼭 돈이 목적이 아니더라도 착하게 살면 복이 온다.

아마 여러분도 주변에서 선을 베풀면서 성공한 사람을 많이 보았을 것이다. 투자의 세계에서도 내가 먼저 베풀면 사람이 모이고 돈 되는 정보도 모인다.

우리가 세상을 배우는 방법에는 두 가지가 있다. 첫 번째는 책을 통해 배우는 방법이다. 두 번째는 사람으로부터 배우는 방법이다. 그동안은 사람의 생생한 경험을 기초로 하는 배움보다는 아무래도 책을 통한 배움에 의존해왔다. 그러나 이는 한계가 너무 명확하다.

특히 금융은 살아 있는 생물이다. 학교에서 배운 내용은 현재 시장 흐름을 반영하지 못하는 흘러간 레퍼토리에 불과하다.

과거에 내가 일하던 법인 영업부에는 다양한 전공자들이 있었다. 금융회사의 법인 영업부는 기업금융을 다루는 곳인 만큼 당연히 경상 계열 출신자들이 직무에 유리하다. 적어도 나처럼 회계학을 전공한 사람들은 누가 가르쳐주지 않아도 기업의 경영현황을 실시간으로 파악하는 현금 흐름표, 대차대조표 등의 주요 재무제표를 분석하는 능력을 기본적으로 갖고 있다. 이런 능력이 있는 덕분에 아무래도 비전공자들에 비해 유리한 위치에서 영업을 할 수 있었다. 그러나 6개월, 1년 후의 개인 실적을 평가해보면 별 차이가 없어진다.

왜냐하면 전공지식이 있더라도 누구나 실무에 들어가면 재교육을 받아야 하고, 영업은 전공지식보다는 인간관계에서의 협력과 거래처와의 협업이 업무 결과로 이어지기 마련이기 때문이다. 따라서 비전공자와 전공자 간의 우열을 따지는 것은 의미가 없다. 물론 고도의 수학이 필요한 공학 분야는 얘기가 다르겠지만 말이다.

기업을 평가하는 데 필요한 실무지식은 직장 선배들에게 속성으로 한 달만 배우면 익힐 수 있다. 비전공자도 업무를 몰라서 일을 못하는 경우는 없다. 그러나 영업 현장에서 직책, 거래처 담당자를 상대하는 법, 업종 등에 따라 차이가 나는 업무 스킬 등의 실무능력은 회사 경험 없이는 쌓을 수 없다. 이를 제대로 가르쳐주는 멘토가 바로 직장 선배다. 사회경험에서 우러나오는 경험자본은 절대 학교에서는 가르쳐주지 않는다. 사회생활에 필요한 지식은 이미 답이 나와 있는 미적분 문제를 푸는 것이 아니다.

나는 대학에서 학점 4.0과 3.0의 차이는 실무경력을 한 달만 쌓아도 메워진다고 생각한다. 사회에 나와 보면 우리가 그 많은 시간을 별 효용도 없는 공부를 하는 데 헛되이 보냈다는 생각을 하지 않을 수 없다. 사실 학교에서 배우는 교양과목이나 선택과목들은 만인이 정보를 생산하고 소비하는 웹 2.0 시대에는 한 개인의 블로그에 담긴 지식보다 그 총량과 깊이에서 떨어진다. 위키 백과만 해도 실시간으로 경제 변화를 바로 반영하고 있어, 박제된 지식을 반복해서 가르치는 대학 강의의 수준을 능가한다.

세상의 지식과 정보가 교회와 대학을 중심으로 폐쇄적으로 유통되던 중세에는 도제식 대학교육이 지식 전달의 유일한 통로였다. 지금은 아니다. 지금의 대학은 대학 간 서열을 구분 짓고 인간 등급을 정하는 도구에 불과하다. 나는 지금의 대학교육에 과연 4년이나 배울 게 있는가에 대해 회의감을 갖고 있다. 현재의 대학교육은 대학 설립자(최근 설립된 대학들은 종교재단이 대부분이다), 교수, 대학 직원들의 밥벌이를 위해 존재한다. 대학이 오늘날에도 나름의 존재 가치가 있다고 해도 대학교육의 기간은 대폭 줄여야 한다. 등록금 전면 철폐에 앞서 이 문제부터 해결하면 정부의 재정 부담이 크게 줄어든다. 그런데 이 쉬운 문제가 해결되지 못하는 이유는 우리가 사는 이 세상이 다양한 계층 간의 복잡한 이해관계로 얽혀 있기 때문이다.

우리가 학교에서 배운 대부분 지식은 실무를 하다 보면 현장과 유리된 박제화된 것들이다. 먼저 산 사람의 경험은 그것이 좋으면 좋은 대로 나쁘면 나쁜 대로 두루 배울 필요가 있다. 사람의 경험은 돈 주고도 못 산다는 말이 괜히 있는 게 아니다.

책에서 배운 지식이 세상의 모든 것이 아님을 알아야 한다. 또한 사회생활의 모든 난관을 홀로 헤쳐 나갈 수 있는 힘이 축적될 때까지는 모든 이들로부터 배우는 일에 겸손해야 한다. 당신이 그들보다 좋은 학교를 다녔고 학교 성적이 우수했다는 것이 얼마나 의미 없는 것인지를 깨닫는 데 실무 경험 1년이면 충분하다.

부자는
확정수익률 상품만 좋아해

저금리를 틈타 상대적으로 부상하고 있는 상품이 기업이 발행하는 회사채, CP, 자산유동화증권, 월세를 노리고 투자하는 임대주택, 브렉시트 위기로 안전자산에 대한 선호도가 높아진 금, 은 등의 실물자산이다. 이들 상품들의 공통점은 수익률의 변동이 적고 확정수익률을 지급한다는 점이다. ELS, 외화펀드 등은 저금리의 대안이 되기에는 많이 부족한 것이 수익률 변동의 폭이 크고 수익률과 관계없이 수수료를 꼬박꼬박 내야한다는 점이다.

요즘 중국인 관광객을 칭하는 유커들이 명동거리를 휩쓸면서부터 이들을 대상으로 하는 길거리 점포가 크게 늘어났다. 명동의 음식점도 내국인 보다 유커를 대상으로 하는 집이 대부분으로 우리가 오히려 잘못 왔나 하고 주인 눈치를 보는 실정이다. 하지만 유커가

증가했음에도 명동의 음식점들의 음식가격은 높아지고 맛은 떨어졌다. 그들의 단순한 생각으로 어차피 관광객을 대상으로 하는 장사는 한 번에 벗겨 먹어도 더 볼일이 없으니 후환이 없다는 생각들을 하고 장사를 하는 모양이다. 겉보기는 화려한 음식이 실제는 인체에 피해를 끼치는 온갖 유해 인공첨가물로 범벅되어 있다. 누가 과자 한 봉지를 사면서 잔글씨로 쓰여 있는 식품첨가물을 일일이 읽고 구입하는가. 그냥 대충 산다. 그런데 이 인공첨가물이라는 것은 시간이 지나도 몸에서 배출되지 않고 인체에 쌓이면서 치명적인 독이 된다.

여러분이 어린 시절에 먹었던 먹 거리 중에서 지금도 가장 많이 생각나는 건 무엇인가. 사람의 취향에 따라 다 다르겠지만, 내 경우는 이 나이가 되어서조차 어머니가 부엌에 있던 빈약한 재료로 만들어주신 어머니 손맛이 깊이 밴 음식들이다. 어머니가 해주시던 음식은 단순한 먹 거리가 아니라 우리 삶의 일부이며 잊지 못할 추억이다. 어린 시절 학교 앞 문방구에서 사먹던 불량식품은 추억거리는 될 수 있어도 그 맛을 잊지 못하는 사람은 없다. 먹 거리의 경우 기계가 어머니의 솜씨를 대신한다고 해도 어머니가 만들어주던 먹거리 처럼 우리 몸에 필요한 살이 되고 피가 되는 영양분을 제공하지는 않는다.

우리가 투자하는 간접투자 상품의 거의 대부분은 인체에 유해한 인공첨가물이 덕지덕지 포함된 불량식품과 같다. 불량식품을 팔아서 돈을 버는 사람이 누구인가. 바로 불량식품을 만들고 파는 사람들이다. 현재 금융시장에서 판매되는 금융상품이 이와 다르지 않다. 그래서 금융회사의 금융상품 판매방식을 두고 약탈적이라는 표현을 쓰는 것이다.

우리가 간접투자를 한다면 그 경제적 효과가 분명해야 한다. 그 효과가 분명하지 않은 상황에서 간접투자에 반드시 따라붙는 수수료를 내면서까지 간접투자를 해야 할 이유는 없다. 펀드, 변액 보험, 연금, 저축상품에 수수료를 내고도 적어도 4% 이상의 수익률이 발생한다면 간접투자를 말리고 싶은 생각은 없다. 그러나 이조차도 안 되는 것이 현실이다. 적어도 현 시점에서 4%의 세후 수익률도 올리지 못하는 상품이라면, 이는 먹 거리로 따지면 불량식품이다. 간접투자를 대표하는 펀드는 파생상품의 결합 정도에 따라 수수료는 예외로 치더라도 원금 손실까지 발생할 수 있다. 그런데 이런 무시무시한 상품에 투자하면서 상품설명서를 꼼꼼히 챙겨서 읽는 사람은 없다.

명동의 길거리 음식을 보면 한 번 보고 말 고객 벗겨먹고 보자는 생각밖에는 들지 않는다. 이를 펀드라는 상품의 판매에 비교하면 너무 과장된 비유가 아닐 가 싶다. 그러나 펀드의 판매 행태를 보면 그들 역시 한 번 판매로 수수료만 받으면 그 결과는 자신들과 무관하기에 함부로 투자자를 대한다는 면에서 길거리 음식과 무엇이 다른가.

부자들이 확정금리 수익률 상품을 좋아하는 것도 이 상품들은 처음의 약속이 반드시 지켜지기에 투자에 대한 믿음이 있어서다. 그리고 무엇보다 확정수익률상품은 미래의 자금계획에 확실성을 부여한다는 점에서 투자 장점이 많다.

저금리로 인해 은행권 금융상품의 금리가 급격히 떨어지면서 은행에서 이탈한 자금들이 수익성 부동산에 몰리고 있다.

특히 독신가구를 대상으로 하는 임대주택은 은행권의 확정수익률 상품과 비교해 안정성은 같고 그 수익률은 10배에 이른다. 이러니 부자들의 돈이 이미 이 시장에 몰려들러 경제성 있는 임대주택 물건은 없어서 매매가 안 될 정도다.

그렇다. 남들은 은행권 상품의 낮은 금리만 탓하는 시간에 그들은 이미 저금리시대에 블루오션으로 부각되고 있는 원룸투자 시장을 선점해 높은 수익률을 올리고 있다. 금리가 낮아도 부자들의 돈이 주식시장에 유입되기 어려운 것은 부자들은 체질상으로 확정금리 상품을 무척 좋아하기 때문이다.

부자들이 수익성 부동산에 월세를 노리고 투자를 하는 것은 수익성 부동산이 은행의 정기예금과 똑같이 수익이 확정되는 상품이기 때문이다. 정기예금에 투자해 매월 이자를 받는 것과 소형의 저가 오피스텔에 투자해 매월 월세를 받는 것은 투자하는 상품이 다를 뿐이지 목돈을 투자해서 매월이자를 받는 것은 똑같다.

안정성이 보장되고 수익성은 은행예금이자의 10배 이상 되는 수익성부동산은 많다. 수익성 부동산이 아니더라도 기업이 자금조달을 위해 발행하는 회사채도 아무리 저금리라 해도 은행예금이자의 3~5배 이상을 받을 수 있다. 금융상품투자의 기본은 안전성이다.

그 다음은 수익성이 절대적 기준이 되어야만 한다.

제3장

금융상품 탄생의 비밀

고수익 상품
탄생의 비밀

은행 보험사의 저축 형 상품, 연금 상품과 비교해 훨씬 높은 고수익을 얻는 상품이 회사 채, CP 후순위 채권, 임대주택에 투자해 월세를 받는 것이다. 그 이상의 것은 개인의 역량에 달린 것이니 보편적인 것은 아니고 초보자도 쉽게 투자할 수 있는 내용은 이들 상품 뿐이다. 고수익 상품 중에서 임대주택에 투자해 월세를 받는 상품을 제외하면 거의 모든 고수익상품은 기업이 자금을 조달하는 과정에서 만들어진 상품이다. 그래서 세상에 존재하는 모든 고수익 상품의 탄생은 기업에 의해서 주도된다. 주식도 기업이 증권시장에서 자금을 조달하기 위해서 발행 하는 것이다.

매월 받는 소득에서 일정액을 떼어 투자하는 자금 관리에서 처음 맞닥뜨리는 일이 저축상품의 선택이다. 이미 금융시장에서는 많은 상품이 판매되고 있어 그 중에서 선택하면 되기 때문에 큰 어려움은 없다. 그러나 정작 문제는 이 상품들 대부분이 별 영양가가 없다는 것이다.

현재의 저축상품은 가짓수는 많아졌으나 '그 밥에 그 나물' 이라고 할 정도로 내용에서는 천편일률적이다. 여러분도 이제 지금과 같은 저금리 상황에서 우리가 주로 찾는 은행이나 보험사의 저축상품으로는 저축 효과가 없다는 것을 잘 알고 있을 것이다. 그나마 낫다는 청약 종합통장, 신재형저축, 저축은행의 자유적립예금, 마을금고의 비과세 저축상품도 약간의 차이가 있을 뿐이다.

어떻게 하면 좋을까. 먼저 투자와 관련해 우리가 꼭 알아야 하는 것이 있다. 투자 상품에 절대적 가치는 없다는 것이 이게 무슨 말인가 하면, 우리가 주로 투자하는 정기예금, 채권, 주식, 심지어 부동산도 경제상황의 변화, 이를테면 물가, 금리, 환율, 인구의 동태적인 변화, 정부의 경제정책 운용기조 등의 요인에 의해 상대적으로 그 가치가 계속 변화하기 때문에 투자 시점의 경제상황, 정부정책, 사회변화 등에 맞춰 상대적으로 가치 있는 상품에 투자하면 된다는 뜻이다.

투자 상품의 경제성은 상대적이지 절대적이지 않다. 이런 면에서 볼 때 현재 은행이나 보험사의 저축성 상품은 상대적으로 경제적 가치가 낮은 반면, 채권 관련 상품은 상대적으로 경제적 가치가 높다. 이런 점을 고려하여 금융상품에 대해 잘 모르는 초보자에게 알려주고 싶은 세 가지 방법을 추천한다.

첫째, 적립식 RP, 발행어음 등과 같은 단기 고수익 금융상품을 6

개월 만기로 운용해 가능한 한 빨리 종잣돈을 만들어 회사채나 CP로 말을 갈아타고, 이를 반복해 투자하면 최소한 은행 정기예금 금리보다 훨씬 더 큰 이익을 얻을 수 있다.

둘째, 저축을 하거나 적금에 투자하듯이 매월 꾸준히 우량주 중심으로 주식에 투자하는 방법이다. 이 경우 장기간을 염두에 두고 투자한다면 소위 분할매수 효과로 인해 수익률 변동을 최소화할 수 있다.

이것은 자산운용사가 판매하는 적립식 펀드에 간접 투자하는 것과 같은 방법이다. 다른 점은 개인이 직접 투자하기 때문에 원금의 3%에 이르는 수수료를 내지 않아도 되며, 주식 매매 시기를 자신이 결정할 수 있어 위기상황에 적절히 대비할 수 있다는 것이다. 물론 이 방법은 주식 투자에 대해 어느 정도 지식이 있고 다소 공격적인 투자 성향을 가진 사람에게 적합하다. 매월 저축 가능한 액수 전부를 주식에 투자하는 것이 부담스러우면 이를 5대 5로 나누어서 절반은 주식에, 절반은 자유적립예금에 투자해 위험은 낮추고 수익은 안정적으로 얻는 방법도 생각해 볼 수 있다.

셋째, 은퇴자의 경우는 수익성 부동산에 약간의 빚을 내서 투자해 레버리지 효과를 노려볼 수 있다.

연으로 계산해 10% 이상의 수익이 발생하는 투자 상품이다. 바로 수익성 부동산이다. 5000만~6000만 원의 돈으로 부동산에 투자한다니, 믿기 어려울 수도 있다. 그러나 이 정도 돈으로 투자할 수 있는 부동산이 있다. 그것도 10% 이상의 수익이 보장되는 이 상품이 수도권 지역의 소형 오피스텔이다. 지금 시흥시 정왕 지구, 안산

시 고잔 지구 등의 대규모 저가 오피스텔 단지들의 매매가와 임대가를 확인해보라. 연 10%의 안정적인 임대수익을 올리는 게 허상이 아님을 알 수 있다.

극단적으로 생각해 만약 투자자금이 전혀 없어 집을 담보로 대출받아 투자하는 경우에도 이익이 발생한다. 왜냐하면 대출금리가 3%(주택담보 대출금리)라면 대출이자를 내고도 이익이 발생하기 때문이다. 즉, 레버리지 효과가 발생하는 것이다. 현재 확정적으로 은행 대출을 이용해 투자하는 상품 중에서 레버리지 효과가 발생하는 유일한 투자 대상이 바로 수도권 지역의 저가 소형 오피스텔이다. 이렇게 투자해서 매월 발생하는 임대소득을 자유적립예금으로 투자한다면 이전소득은 더 커지게 된다. 부동산이 불황이라는 것을 모른다면 바보다.

그런데 투자 상품의 가치는 경제적 요인뿐 아니라 사회적 변화에도 큰 영향을 받는다고 앞에서 말했다. 맞다. 부동산 중에서도 1인 독신가구를 대상으로 하는 저가 소형 오피스텔의 수익성이 높은 이유는 독신가구의 급격한 증가 때문이다. 이들의 소득수준을 감안할 때 저가 소형 오피스텔의 수요 역시 급증하기 때문에 그렇게 되는 것이다.

현재 수도권 외곽의 저가 소형 오피스텔 단지의 경우 임대수익률은 은행 정기예금 수익률보다 최소 5배 이상은 된다. 문제는 담보물건도 없고 여유자금도 없는 사람이 이런 투자를 한다는 게 현실적으로 어렵다는 점이다. 소액으로 투자할 수밖에 없는 사람의 경우에는 증권사가 장외거래로 중계하는 소액 채권에 투자하면 된다.

자금 관리와 운용은 같은 재료(돈)를 가지고도 이를 운용하는 사람이 누군가에 따라 그 가치의 크기가 달라진다. 저금리일수록 더 담대하게 투자에 나서라. 투자 상품에는 절대적인 것이 없다. 경제 흐름에 따라 상대적인 가치만 존재할 뿐이다. 개인 역량에 따라 위험은 최소화하면서 상대적으로 고수익을 올릴 수 있는 방법은 있다.

저금리시대에는 우리가 습관적으로 선호하는 저축상품으로는 가처분소득이 늘어나지 않는다. 우리가 가장 많이 선택하는 은행권의 저축상품, 보험사의 저축보험, 연금상품 등은 세금 공제 후 실제로 받게 되는 세후 이자가 물가상승률에 못 미치는 실질금리 마이너스 상태이기 때문이다. 그래서 이제 저축하는 방법을 바꾸라는 말을 하는 것이다. 저축상품 선택에 대한 생각을 바꾸면 매월 소액으로 투자해서도 가처분소득을 얼마든지 늘릴 수 있다.

우리는 외부적 상황이 자신에게 불리하기 때문에 부자가 될 수 없다고 말하곤 한다. 이 말이 틀린 건 아니다. 그러나 대부분의 자수성가형 부자들을 보면 결국 부자가 되느냐 못 되느냐는 자신에게 달려 있다. 불리한 외부적 상황이 상수라면 개인이 이를 바꾸기는 어렵다. 그렇다면 자기 스스로 그런 불리한 상황을 돌파하려는 의지라도 가지고 있어야 한다. 경제라는 것에는 항상 기회와 위험이 공존한다. 이 두 갈래 길에서 기회를 잡기 위해서는 개인이 변화할 수밖에 없다.

신용등급이
금리를 결정한다

재테크를 하는 입장에서 "신용등급이 금리를 결정한다"는 말은 꼭 기억하고 있어야 한다.

신용등급의 다른 표현은 "위험"이다. 여기서 위험이란 표현을 풀어서 말하면 위험이란 자금을 구하는 기업이나 개인의 "채무상환가능성"을 기준해서 범위가 정해진다. 꼭 기업이 자금을 조달하기 위해 발행하는 회사채 간에도 발행기업의 채무상환가능성에 따라서 신용등급이 매겨지고 이 신용등급에 따라 발행금리의 차이가 발생한다.

개인 역시 똑같은 이치로 채무상환가능성에 따라 신용등급이 나눠지고 대출금리가 차별화된다. 그럼으로 기업이나 개인이나 낮은 금리로 자금을 조달하기 위해서는 신용관리를 잘해야 한다.

금리가 낮다고는 하지만 개인이 처한 현실에 따라서 금리에 대해 느끼는 체감온도는 각기 다르다. 만약 돈이 필요해 금융권에서 대출을 받게 되면 개인 간 느끼는 체감금리가 얼마나 다른 지 실감을 할 수 있다.

|표| 신용등급별 가계신용대출 평균금리

1등급	3.8%	6등급	17.8%
2등급	5.5%	7등급	21.2%
3등급	7.5%	8등급	23.5%
4등급	9.6%	9등급	25.8%
5등급	11.9%	10등급	26.7%

위의 내용은 개인의 신용등급별 신용대출 평균금리다. 위의 글에서 보듯이 1등급의 신용대출금리는 3.8%다. 그러나 이보다 다소 신용등급이 떨어지는 3등급은 1등급과 비교해 두 배나 되는 대출금리를 적용받는다.

6등급은 신용대출금리가 4배나 된다. 이 정도면 대출을 받는 일에 "개인의 신용은 돈이다"라고 하는 말이 실감이 간다. 이는 기업에도 정확하게 적용된다. 기업이 발행하는 회사채 금리도 발행 기업의 신용등급에 따라 금리가 결정된다. 증권시장에서 유통되는 투자적격 회사채는 BBB- 등급 이상의 신용등급을 가진 회사채다. 투자적격 회사채라 해도 발행기업에 따라 수익률에 큰 차이가 있다. 은행권의 개인을 대상으로 하는 신용대출 금리도 개인의 신용등급을 10등급으로 분류해 각기 다른 대출금리로 적용된다. 우리가 일상적으로 소비하는 금융상품의 거의 모든 것은 한국은행의 기준금리에 의해 절대적으로 영향을 받는다. 따라서 그들이 만든 금융상품의 프레임 안에서 투자를 한다는 것은 나는 투자 행위를 통해 한 푼의 소득을 올리지 않아도 된다고 스스로 말하는 것과 다르지 않다. 실질금리 마이너스 시대라고 해도 투자에 대한 사고의 전환을 한다면 투자행위를 통해 상대적으로 높은 수익률을 달성 할 수가 있다.

부의 정도에 따라 저금리를 느끼는 체감온도는 다르다. 우리나라의 서민과 중산층의 자산 규모는 사는 집 한 채와 몇 천만 원의 금융자산이 전부인 경우가 대부분이다. 주택은 부동산 시장의 골 깊은 불황으로 애물단지로 전락했고, 일천한 예금마저도 저금리 탓에 재산 증식에 불리한 상황이다. 그 결과 저금리는 서민의 재산 형성에 치명적인 독이 되고 있다. 반면, 부자는 저금리에 대응할 정도의 자산 규모를 갖추고 다양한 자산을 분할 관리하는 덕분에 저금리로 인한 피해가 덜하다. 이렇게 보면 저금리는 서민과 중산층의 희생을 전제로 하는 제2의 증세정책이라고 할 수 있다.

지금의 저금리는 매우 복잡한 이해관계가 얽히고설키면서 결정된다. 현재의 저금리가 과거보다 문제가 되는 이유는 금리 결정 과정에 정치 공학적 이해가 깊이 개입되어 있기 때문이다. 저금리로 실질적으로 가장 큰 피해를 보는 계층은 우리 사회의 취약 계층이다. 반대로 가장 많은 혜택을 보는 곳은 대기업이다. 은행권에서 대출한 돈을 가장 많이 갖다 쓰는 곳이 어디인가. 바로 대기업이다. 수백조 원이 넘는다. 대출금이 1조 원이라면 대출금리가 0.01%만 낮아져도 대출이자 100억 원이 줄어든다. 반면 저금리임에도 서민들의 평균 대출금리는 상대적으로 높아졌다. 바로 이것이 저금리가 부의 양극화 문제를 더 악화시키는 요인이 되고 있는 이유다.

이는 매우 심각한 문제다. 따라서 사회갈등 비용을 줄인다는 측면에서 정부는 도시 평균 가계소득 이하의 서민에게는 저축상품에 대한 비과세 혜택을 확대하고 금융권의 고금리 대출을 통제할 필요가 있다.

인간은 언제나 비이성적이다. 오죽하면 인간의 경제행위를 두고서 인간의 이성은 초라한 조랑말에 비유하고 인간의 감성은 거대한 코끼리에 비유할까. 그렇다. 우리는 눈앞의 작은 이해에 얽매여 정작 봐야 할 것은 보지 못하는 존재다.

우리는 당장 눈앞의 금리 0.1%는 잘 따져도 금리 프레임에 갇히는 순간 다른 것은 보지 못하는 잘못을 흔히 저지른다. 은행, 보험사의 저축상품을 버리면 이 지독한 저금리 시대에도 당신의 지갑을 두툼하게 해주는 투자 상품이 얼마든지 있다. 여러분은 그 기회를 놓치지 않기를 바란다.

오늘날 우리나라 경제는 국가경제가 성장하고 있지만 개인은 오히려 점점 더 가난해지고 있다고 한다. 이 와중에 개인을 상대로 하는 금융회사들은 과거에 비해 더 거대화되고 임직원 임금 또한 크게 오르고 있다. 모 은행 임원의 평균 급여는 외환위기 당시와 비교해 14배에서 16배나 올랐다고 한다. 참으로 이상한 일이 아닌가. 금융회사를 먹여 살리는 개인 고객은 점점 가난해지고 있는 반면 금융회사는 점점 더 배부른 돼지가 되어 간다는 게 말이다.

도대체 왜 그럴까. 이유는 간단하다. 과도한 금융거래 수수료, 펀드 같은 위험하고 수수료 높은 상품의 판매 증가가 그 원인이다. 펀드, 변 액 관련 상품은 고객 입장에서는 악마가 만든 상품이지만, 금융회사 입장에서는 수백 년에 걸친 자본주의 역사에서 자본이 만든 최고 상품이다. 왜냐하면 펀드, 변액 관련 상품은 과도한 수수료에도 불구하고 투자원금 손실이 모두 개인 고객에게 전가되고 금융회사는 이에 대해 아무런 책임도 지지 않게 설계되어 있다. 이것은 봉이 김 선달이 대동강 물을 팔아먹었다는 일화보다 더 쉽게 돈을 버는 일이다.

현재의 금융상품 투자를 보면, 자본이 자신에게 이익이 되는 한에서 규칙을 만들고 우리는 그 안에서 투자하고 있는 게 현실이다. 룰을 정의롭게 바꾸지 않는 한, 여러분은 금융회사와 거래할수록 가난을 피해갈 수 없다. 룰을 바꿀 수 없다면 금융회사와의 거래를 거부하라. 그렇다면 대안은. 걱정 말라. 대안은 얼마든지 있다.

투자 행위로서의 재테크 무용론이 나오고 있는 이유는 저금리로 인한 금융상품의 수익률 하락에 서 온 것이다. 그렇다면 그들이 만든 투자 상품의 프레임에서 벗어나 시장의 흐름에 맞는 투자상품을 선택하면 되는 것이 아닌 가. 목돈을 가지고 은행의 정기예금에 투자하는 것보다는 채권에 직접투자하든지 아니면 독신가구의 급증으로 경제적 가치가 크게 상승하고 있는 원룸주택에 투자를 하든지. 방법은 많다.

왜 마을금고 금리는
은행보다 높지

요즘은 소비자도 약아져서 인터넷 가격 비교사이트를 이용해 물건을 구매하는 것이 일반적인 흐름이다. 판매회사의 규모, 브랜드에 구애받지 않고 사용 후기에 실린 댓글을 참조하여 상품의 품질 과 가격을 비교하여 구매하는 패턴이 일반적인 흐름으로 자리 잡고 있다. 그런데 금융상품 투자에서만은 이 흐름에서 예외다. 일반 소비재를 구매하는 것과 비교해서 금융상품 투자의 경제적 가치는 큰 차이가 있다. 우리의 금융상품 투자는 상품의 경제성을 따지지 않고 관행적으로 상대적으로 규모가 큰 은행은 믿을 수 있다는 생각으로 경제성을 크게 신경 쓰지 않는 다. 마을금고는 조합원으로 가입하고 투자하면 비과세 혜택을 받을 수 있음에도 꺼려하는 것이 사실이다.

요즘은 금융회사마다 회사 타이틀을 영문 이니셜로 쓰는 게 유행이다. 그렇게 하면 회사 이미지가 올라가고 고객들에 대한 서비스가 좋아질까. 그렇지 않다. 타이틀을 바꾸나 그대로 두나 현재의 금융회사는 고객의 돈을 합법적으로 털어갈 궁리만 한다. 아무튼 금융회사가 영문 이니셜을 회사 타이틀로 쓰는 게 대세다. 이를테면 KB는 국민은행, IBK는 기업은행, KDB는 산업은행의 영문 타이틀이다. 그렇다면 MG는 어느 금융회사가 쓰는 영문 타이틀일까.

은행은 아니다. 그렇다고 증권사나 종금사도 아니다. MG는 '마을'과 '금고'의 각 첫 자를 이니셜로 하고 있는 새마을금고의 영문 타이틀이다. 새마을금고, 이름부터 촌스럽다. 그리고 간판은 익숙하지만 거래는 자주 하지 않는 금융회사다.

우리는 대형 할인점에 진열된 상품 가격이 도매시장보다 비싸다는 것을 알면서도 대형 할인점을 자주 이용한다. 여기서는 거의 모든 상품을 원 스톱으로 쇼핑할 수 있고 주차가 편리하기 때문이다. 그러나 이 편리성으로 인해 과소비를 하기도 하고, 도매시장과 비교해서 구색이나 가격에서 한참 밀리는 상품을 높은 가격에 구매하기도 한다. 사실 대형 할인점의 상품 가격은 동네 재래시장이나 동네 수퍼만도 못한 경우가 허다하다. 특히 야채나 직접 만들어 파는 밑반찬 같은 경우는 절대적으로 재래시장 것이 가격도 싸고 맛도 좋다. 대형 할인점의 판매 가격에는 시설투자 비용, 건물구입 비용 등이 포함되기 때문에 가격이 높은 것은 어찌 생각하면 당연한 일이다. 중요한 것은 소비자의 선택이다.

대부분 은행은 땅값이 비싼 대로변에 위치하고 있다. 당연히 점포구입 비용이 높다. 그리고 직원들 인건비도 다른 업종에 비해 매우 높다. 문제는 은행 역시 대형 할인점처럼 쇼핑은 편리하지만 판매하는 금융상품의 경쟁력은 떨어진다는 점이다.

우리 식탁에 꼭 빠지지 않고 올라오는 반찬의 가격은 재래시장이 경쟁력이 있다고 말했다. 금융상품에서 항상 우리 상차림에 오르는 반찬은 무엇일까. 바로 예금, 적금 상품이다. 그런데 마을금고는 이 예금, 적금상품의 경쟁력에서 은행보다 앞선다. 왜 그럴까.

첫째, 마을금고에는 어떤 회사들이 있는지를 우선 알아보자. 마을금고는 동네를 중심으로 영업하는 소규모 금융회사다. 마을금고에는 새마을금고 이외에도 단위농협, 수협과 신협(신용협동조합)이 있다. 우선 단위농협(수협)은 지역 내에 거주하는 조합원이 지역을 중심으로 결성한 독립채산제 법인으로, 이 단위농협이 출자해 만든 것이 농협은행 또는 농협중앙회라고 부르는 금융회사다. 농협은행은 일반은행과 마찬가지로 1금융으로 분류되는 은행이고, 단위농협은 2금융권으로 분류된다. 신협 역시 지역, 종교, 직장을 기초단위로 조합원이 출자해 조합을 결성해 만든 회사다. 새마을금고 역시 조합원이 상호이익을 도모코자 만든 금융조합이다.

이들 회사는 조합원 상호 간의 이익 확대를 설립 목적으로 삼는다는 점에서 상호금융회사이고, 조합 형태로 설립되기 때문에 협동조합이라고 할 수 있다. 여기서 잠깐, 협동조합은 우리가 일반적으로 회사라고 부르는 상법상의 주식회사와는 다르다. 주식회사는 주주의 이익을 위해 존재하지만 협동조합은 조합원의 상호이익을 위해 존재한다.

둘째, 마을금고의 예금에는 어떤 비밀이 숨어 있는지도 알아보자. 상호금융회사, 그러니까 마을금고에 조합원 자격으로 예금을 하면 3000만 원까지 이자에 대해 내는 세금이라곤 농특세 1.4%가 전부다. 보통 일반 금융상품의 경우 이자소득에 대해 15.4%의 세금을 부과하는 것과 비교하면 사실상의 비과세 혜택이 있는 것과 마찬가지다. 조합원 자격을 얻으려면 누구나 출자금 1만원만 내면 된다. 또 출자금 1000만원까지는 배당소득이 비과세되기 때문에 배당금을 합쳐서 4000만원까지 비과세 혜택을 받는 것이나 다름없다.

비과세 효과가 어느 정도의 경제적 효과를 갖는지에 대해 은행 상품과 비교하면서 알아보자. 만약 여러분이 3% 금리로 각각 100만원씩 은행과 마을금고의 예금에 가입했다고 가정해보자. 이때 은행 예금은 만기에 3만원의 이자를 받는다. 그러나 금리가 같다고 해도 비과세되는 마을금고의 예금은 세금 공제 후를 비교하면 4950원의 이자를 더 받는다. 은행 예금보다 16.5%의 이자를 더 받는 금리인상 효과가 있는 것이다. 같은 금리로 예금을 해도 실제로 받는 이자는 마을금고가 은행보다 16.5%를 더 받는다는 것이다. 마을금고 예금에는 비과세 혜택이 주어지기 때문이다.

셋째, 마을금고의 대출 상품이 경쟁력이 있다는 점이다. 마을금고는 각각 독립경영을 한다. 때문에 각 금고마다 경영현황이 다 다르다. 영업에 대한 지역 규제도 없다. 이는, 마을금고의 전국 단위 점포를 대상으로 하면 마을금고에서 대출을 할 수 있는 곳이 1000곳이 넘는다는 의미다. 그 1000개가 넘는 곳 중에서 대출조건이 가장 유리한 곳을 선택해 대출을 받으면 금리와 대출조건이 일률적으로 적용되는 은행이나 저축은행보다 더 유리하게 대출받을 기회가 훨씬 많아진다.

대출금리 1%를 줄이는 것과 예금금리 1%를 더 받는 것 중에 어느 쪽이 경제적으로 더 이익이 될 것이라고 생각하는가. 당연히 대출금리 1%를 줄이는 것이 이익이다. 예금금리는 1%라 해도 이자에 대한 세금 15.4%를 공제하면 실제 받는 이자는 1%가 되지 않는다. 그리고 대출이자로 매월 나가는 돈은 기회비용 측면에서 예금의 복리와 같은 것으로, 실제 복리로 계산한 대출이자는 표면금리보다 이자가 많이 나간다.

대출을 잘 받는 방법에는 왕도가 없다. 신용이 낮거나 담보가 없는 사람은 주어진 여건에서 가능한 한 많은 금융회사와 접촉하여 대출 가능액과 부과 금리를 알아보고 유리한 조건을 제시한 금융회사와 거래해야 한다. 그런 점에서 동네에서 영업하는 마을금고는 좋은 대안이 될 수 있다.

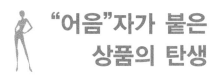

"어음"자가 붙은 상품의 탄생

하루에서 3개월 길게는 6개월 이상 단기자금의 활용에 유리한 상품에는 무엇이 있을 까. 정답은 상품 타이틀에 '어음' 자가 들어가 있는 상품을 찾아서 투자하면 된다. 여기에 해당하는 상품이 종금사, 증권사에서 판매하는 CP(자유금리 기업어음) 발행어음(종금사) 표지어음 (은행 저축은행 종금사) 등이다. 은행의 수시입출예금인 (MMDA)는 알고 있었어도 이 상품들은 생소 할 것이다.

어느 분야나 마찬가지지만, 소위 전문가라고 자칭하는 그룹이 범하기 쉬운 오류가 "그들도 나처럼 알고 있다고 생각하고 자신의 눈높이에서 지식과 정보를 전달하려고 한다"는 것이다. 이 점에서는 나 역시 같은 오류를 범해왔다.

어음이라는 단어도 일반 사람들에게는 외계어 처럼 들릴 수 있다. 어음이라는 말이 일상적으로 쓰이는 건 아니기 때문이다. 그러나 이는 어렵고 쉽고의 문제는 아니다. 단지 익숙하지 않을 뿐이다. 어음과 관련한 내용이 특별히 어려운 건 아니다. 요즘 어음을 매개로 한 금융상품이 많아졌으니 이번 기회에 확실하게 알아두도록 하자.

어음이란 기업이나 개인이 상거래를 할 때 물품 판매대금이나 용역 서비스의 대가로 받는 결제대금을 대신해 일정 기간이 지난 뒤 현금을 지급하기로 약속하는 유가증권이다. 하지만 어음은 꼭 상거래가 발생할 때만 발행하는 건 아니다. 기업이 단기 운용자금을 조달하기 위해 발행하기도 한다.

기업이 상거래가 수반된 대금결제용으로 발행하는 어음을 물품 판매대금 결제어음이라 하고, 줄여서 물대어음 또는 진성어음이라고 부른다. 이에 견주어 기업이 자금을 조달하려고 발행하는 어음은 융통어음이라고 한다. 우리가 금융시장에서 투자하는 어음은 융통어음이라고 할 수 있다. 물론 개인이 진성어음에 투자할 수도 있다. 이런 진성어음 판매시장은 전통적인 사채시장의 한 부분으로, 지금도 명동 사채시장에서 구매할 수 있다. 지금도 명동의 어음 중개를 전문으로 하는 사채 사무실은 등록법인 이상이면 거의 모든 기업의 어음을 취급한다.

금융권에서 일해 본 사람이나 적어도 창업을 해서 실제 대금결제로 어음을 받아 본 사람은 어음에 대해 어느 정도는 이해한다. 그러나 이제 막 사회생활을 시작한 사회 초년생들이 알기에는 어음이 낯선 게 현실이다. 사회 초년생이 알고 있는 금융상품이라고는 은행 상품, 저축성 보험, 그리고 최근에 '핫하게' 부각된 CMA 정도가 고작일 것이다. 사실 대부분 사람이 알고 있는 금융상품도 이 범주를 그리 벗어나지 못한다. 그러나 알고 보면 금융상품의 세계는 넓고 투자할 곳 또한 많다. 그중 대표적인 단기 고수익 금융상품이 바로 '어음' 자가 들어간 금융상품이다.

어음 자가 붙은 CP, 발행어음, 표지어음의 특징은 CP를 제외하고 예금자보호대상으로 안정성이 탁월하고 확정금리로 이자를 지급하는 상품이라는 공통점이 있다.

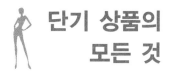

단기 상품의
모든 것

단기금융상품에는 어음자가 붙은 상품 이외에도 RP MMF CMA가 있다. 이 상품들 중에서 한 때 단기금융상품의 황제라는 닉네임이 있을 정도로 수익률 면에서 가장 경쟁력이 있는 CP부터 알아보도록 하자.

CP는 풀어쓰면 Commercial Paper다. 이를 직역하면 상업어음이다. 그런데 '자유금리 기업어음' 이라고 부르는 이유는 CP의 발행주체는 기업으로 CP는 기업이 단기성자금을 조달하기위해 발행하는 단기 회사채의 성격을 지니고 있기 때문이다. 기업어음 앞에 '자유금리' 라는 수식어가 붙는 이유는 CP의 금리가 발행시점의 발행기업의 신용등급과 시장 실세금리의 변동에 따라 결정되기 때문이다.

CP는 매우 오래된 역사를 자랑하는 단기 금융상품으로 한때는 단기 금융상품의 황제로까지 불리기도 했다. 이 상품은 IMF 외환위기 이전까지만 해도 연 10%가 넘는 고금리에 원금을 보장해주는 지급보증까지 되었기 때문에 안심하고 투자할 수 있었다. 그러나 외환위기를 거치면서 당시 CP를 중개하고 판매하던 수십 곳에 달하던 투자금융사(종금사의 전신) 부실화로 시장에서 퇴출당하는 과정을 거치면서 CP의 지급보증은 사라졌다. 따라서 CP는 물건의 금리만 보고 투자해서는 안 되고 발행기업의 안정성을 꼭 체크한 후 투자해야 한다.

최근에는 CP가 진화해 유동화 증권을 결합한 자산 유동화 기업어음(ABCP, Assert Backed Commercial Paper) 발행이 급증하고 있다.

예전에 동양종금증권 본사 주변에서 회사를 다니던 사람들은 오다가다 LIG건설이 발행한 CP가 LIG건설의 부도로 인해 휴짓조각이되는 과정에서 투자자들이 LIG건설과 LIG건설이 발행한 CP를 인수해 유통시킨 동양종금증권 앞에서 시위하는 모습을 보았을 것이다. 바로 이 광경이 CP의 현주소를 보여주고 있다. 현재 CP 투자의 문제는, CP가 지급보증이 되지 않고 예금자 보호 상품이 아님에도 금리가 높다는 이유로 기업의 재무상태를 확인하지도 않은 채 '묻지마' 투자를 한다는 점이다. CP는 금리는 높지만 은행 상품처럼 예금자 보호가 되는 건 아니라는 것 정도는 알고 투자해야 한다.

CP와 같이 고수익 상품으로 알려진 후순위 채권(후순위 채권은 일반적 채권이 아니라 자산 유동화 증권에 해당한다)에 투자한 사람들이 저축은행 파산으로 투자금을 돌려받지 못해 사회문제로까지 비화된 것도 이와 비슷한 사례다. 이들 상품의 공통점은 상대적으로 고금리를 주는 상품이지만 예금자 보호가 안 된다는 것이다. CP, 후순위 채권, 회사채 등 기업이 발행하는 고수익 상품은 모두 예금자 보호대상상품이 아니다. 따라서 지나치게 고금리에만 현혹되어 투자하다가는 원금손실이 언제든 발생할 위험의 소지가 있다.

은행이 거래실적과 연체 사실을 따져 개인의 신용등급을 나누는 것과 같이 기업도 신용상태에 따라 등급에 차등을 둔다. 보통 기업이 발행하는 CP, 회사채, 후순위 채권의 등급은 BBB- 이상을 투자 적격 채권으로 분류한다.

그런데 요즘 이 기준이 모호해졌다. 신용등급이 우수한 A등급의 회사채마저도 이를 발행한 중견건설사 파산으로 부실화되는 경우가 종종 있기 때문이다. 그래서 기업의 신용등급은 물론 투자 시점의 발행기업의 재정 상태를, 명동에서 기업어음을 중개하는 사무실에서 역으로 추적하는 방법 등을 통해 반드시 확인한 후 투자를 해야 한다. CP는 앞서 말한 대로 기업이 단기성 자금을 조달하기 위해 발행하며, 이를 종금사가 중개하여 증권시장에 유통시킨다.

CP 상품에 대한 설명이 금융 초보자가 이해하기에는 충분치 않았을 것이다. 그리고 어렵기도 했을 것이다. 그러나 CP는 단기 금융상품의 핵심이므로 꾸준히 관심을 가져야 하는 상품이다.

예금자 보호가 되는 발행어음

발행어음은 종금사가 자기자본을 기초로 해서 자체 발행하는 것이다. 발행어음의 장점은 예금자 보호 대상이 되고, 1년 이상을 발행어음에 투자하는 경우 정기예금의 단리 식처럼 매월 이자를 수령해 생활비로 쓸 수 있다는 점이다.

참고로 알아둬야 할 것은 목돈을 투자해 일정 기간마다 이자를 지급하는 상품에는 정기예금 이 외에도 발행어음, 회사채, 후순위 채권이 있다. 따라서 고정금리 상품에 일정 기간 투자해 발생하는 이자를 수령해 생활자금으로 쓰려는 사람은 꼭 정기예금만을 고집할 이유가 없다.

정기예금과 발행어음중 어떤 것이 더 유리한가를 가르는 것은 투자시점의 금리다. 금리만 높다면 정기예금과 발행어음은 둘 다 예금자 보호대상상품이므로 어떤 것을 선택하든 안정성에는 문제가 없다.

은행 저축은행 종금사에서 판매되는 표지어음

기업은 물건이나 서비스를 제공한 후 그 대금을 반드시 현금으로 받는 것은 아니다. 일정 기간 내에 대금 지급을 약속하는 어음을 받는 경우도 많다. 이 경우 기업은 운전자금을 조달하기 위해 어음을 어음 만기일 전에 할인해야 할 경우가 생긴다. 이때 은행은 기업이 상거래를 통해 받은 어음이라고 해서 무조건 할인해주지 않는다. 기업이 상거래 대금으로 받은 어음의 할인을 은행에 의뢰하면, 은행은 그 어음이 한국은행 재할인 적격어음에 해당되느냐 아니면 기업의 은행 할인 한도에 여력이 있느냐에 따라 어음 할인 여부를 판단한다.

재할인 적격 대상 어음이 아닌 경우에는 신용보증기금의 할인보증서가 첨부되어야만 할인이 가능하다. 그것도 무한정 해주는 게 아니라 전년도 매출을 기준으로 정해진 할인 한도 이내에서만 가능하다.

여기서부터 문제가 시작된다. 상거래를 통해 그 대금으로 받은 어음은 많다. 그런데 은행에서는 할인이 안 된다. 이 어음을 할인해 운전자금을 조달하지 않으면 소위 말하는 흑자 부도가 발생하게 생겼다. 기업 입장에서는 이를 어떻게 해결해야 할까.

이때는 은행이 기업의 어음을 할인 형식으로 자금을 지원해주지만, 그렇게 할인해준 어음은 한국은행에 가서 재할인해 한국은행에 넘겨주는 것이 아니다. 어음 만기일까지 은행이 보유하게 된다. 따라서 은행은 할인 형식으로 이자를 취하지만 할부 금융처럼 어음을 담보로 대출해주는 것과 마찬가지가 된다.

보통 금융권에서는 이를 '어음 할인 팩토링'이라고 해서 한국은행의 재할인을 전제로 하는 어음 할인과 구분한다. 이 어음 할인 팩토링 금융 서비스는 은행뿐 아니라 저축은행과 종금사에서도 하고 있다. 어음 할인 팩토링이라고 해서 상거래로 받은 어음을 무조건다 해주는 건 아니다. 신용도가 떨어지는 기업으로부터 받은 어음은 담보가 필요하다.

어음 할인 팩토링으로 전도금융(대출의 의미와 같음)을 제공하고 금융회사가 어음을 보유함으로써 금융회사는 어음 만기일까지 자금이 묶이는 결과를 초래해 유동성 압박을 받게 된다. 이 문제를 해결하기 위해 금융회사가 어음 할인 팩토링으로 전도금융을 제공하고 받은 어음을 기초자산으로 해서 발행하는 것이 '표지어음'이란 상품이다. 형식은 다르지만 자산 유동화증권과 같다고 할 수 있다. 자산 유동화증권 역시 기업이 보유 중인 채권, 신용을 담보로 해서 발행된다.

이런 과정을 통해 금융회사 입장에서는 어음 만기 전에 자금을 회전할 수 있게 되고, 고객은 이렇게 탄생한 고금리 단기 상품에 투자할 수 있다. 서로 좋은 일이다.

여기까지 설명한 내용을 이해하지 못하는 사람도 많을 것이다. 당연하다. 금융권 직원들 중에도 잘 모르는 사람이 많다. 다만 지금부터라도 관심을 가지고 자료를 찾고 들여다보면 누구나 이해할 수 있다. 물론 금융지식을 익히는 가장 좋은 방법은 직접 해당 상품에 투자를 해보는 것이다. 여기서 아무리 채권이 좋다고 해도 문자로만 봐서는 머리로는 이해해도 실제 경험이 결여됐기 때문에 피부에 와 닿지는 않을 것이다.

최근의 금융상품을 주도하는 것은 은행권을 중심으로 판매되는 전통적인 금융상품, 이를테면 정기예금, 정기적금, 신탁형 상품 등이 아니다. 기업과 금융회사가 보유 중인 다양한 형태의 매출채권을 담보로 해서 이를 증권화시켜 판매하는 상품이 고수익 금융상품 시장을 주도하고 있다. 여러분도 이들 상품의 내용을 빨리 이해하고 이를 투자와 연계시키기를 바란다.

앞에서 언급했듯이 저금리를 뛰어넘어 10%까지도 거의 확실하게 수익률 예측이 가능한 상품은 기업이 발행하는 CP, ABS, 주식연계 채권과 부동산 시장에서의 소형 임대 오피스텔 밖에는 없다. 따라서 여러분은 이 상품들에 대해 공부하고 여기에 투자를 집중해야 한다.

MMDA와 CMA

국내에서 판매하는 금융상품이 거의 모두 외래어로 표기되는 것은 당연한 일이다. 이것들 대부분이 수입품이기 때문이다.

옛날 우리가 못살던 시절에는 미제라면 양잿물도 먹는다는 말이 있었다. 그러나 이제는 미제 수입품 중에 인체에 치명적인 해를 끼치는 양잿물 같은 상품이 많다. 최근에 문제가 됐던 미국산 금융상품 중에서 미국에서 투자자가 민사소송을 가장 많이 하는 상품이 변액 보험 관련 상품이다. 이 상품은 구조적으로 판매회사에 절대적으로 유리하게 설계된 상품이다.

하지만 이런 투자형 상품에만 문제가 있는 게 아니다. 물론 이보다는 문제의 심각성이 크지는 않지만 은행에서 판매되는 보통예금으로 알고 있는 수시 입출금식 상품인 MMDA에도 문제가 있다.

MMDA는 'Money Market Deposit Account' 의 약어다. 이것을 해석이나 제대로 할 수 있는 사람이 몇이나 될까. 상품 이름이 이렇게 복잡한 것을 보면 뭔가 다를 것이라는 느낌이 확 온다. 이 상품은 고객의 예금 잔고에 따라 금리를 차등 적용하는 등 예금이 많은 사람에게 특혜가 집중되는 상품이다. 기존의 보통예금보다 못하다. 금융상품이 외국산으로 대체되면 이런 식으로 순기능보다 역기능이 많은 게 대부분이다.

이런 MMDA의 대체상품이 바로 CMA다. 그나마 CMA는 나름의 유용성을 갖고 있다. CMA는 최근 들어 금리가 급격히 낮아지고 종금사, 증권사의 마케팅이 활발해지면서 수시 입출금식 상품으로 부각되고 있다. 그러나 CMA를 판매하는 종금사(투금사 전신)가 수십 곳에 달하던 1990년대에 이미 금융권 종사자들은 이것을 활용가치가 높은 상품으로 인식하고 있었다.

지금까지 급여이체 통장, 수시입출금 예금을 대표하는 상품은 은행의 보통예금(MMDA라고 함)이었다. 그런데 은행의 보통예금은 소액 예금에 대해서는 거의 이자를 지급하지 않는다. 예전에 인터넷뱅킹이 활성화되지 않아, 거래가 불편했던 저축은행에 직접 가서 저축은행의 보통예금 통장을 만드는 사람이 많았던 것은 저축은행 보통예금이 은행보다 높은 금리를 지급했기 때문이다.

최근에는 금융상품의 금리가 낮다. 낮아도 너무 낮다. 이러니 7년을 가입해야 비과세 혜택이 주어지고, 중도에 해지하면 벌칙 조건도 아주 나쁘며, 그것도 표면금리가 일반 적금금리보다 겨우 1% 높을 뿐인 신재형저축에 돈이 몰린다. 그러나 이 상품은 3년 동안만 고정금리를 보장한다. 앞으로 금리가 더 떨어진다면 단기로도 가능하고 세금우대와 비과세가 되는 통장으로 저축하는 것이 훨씬 유리해진다.

물론 CMA에 가입했다고 해서 갑자기 높은 금리가 제공되는 건 아니다. 다만 CMA를 모 계좌로 해서 투자하면 증권사의 고수익 채권 상품에 익숙해질 수 있기 때문에 금융 전반에 대한 이해가 깊어지는 효과를 기대할 수 있다. 이 점이 CMA를 급여이체 통장이나 수시 입출금 예금으로 추천하는 이유다.

CMA는 고객이 투자한 돈을 시장 실세금리 상품인 발행어음, RP, CP 등으로 운용해 단 하루를 맡겨도 상대적으로 금리가 높다. 또 CMA를 모 계좌로 해서 종금사, 증권사의 다양한 고수익 상품에 투자할 수 있는 이점이 있다.

금융 자유화가 이루어지기 전인 1990년대 중반까지 우리나라는 관치금융의 시대로, 정부가 금융회사의 금융상품 금리까지 확실히 교통정리를 해주었다. 관치금융이 시장의 유동성까지 통제하다 보니, 항상 시장에서 자금 수요보다 공급이 부족한 자금 부족 상태가 계속됐다. 자금을 필요로 하는 곳은 많은데 자금 공급이 적다면 금리는 어떻게 되겠는가. 당연히 오르게 되어 있다. 그러나 정부가 시장금리를 통제하다 보니 증권시장에서 형성되는 시장 실세금리와 공금리 간에 차이가 많이 벌어지는 결과가 빚어졌다.

예를 들어 정부는 투금사에게 CP를 발행하는 기업에게 15%의 금리 이상은 받지 못하도록 강제했는데, 당시 투금사가 조달하는 금리는 20%에 가까웠다. 투금사는 정부가 정해준 금리 가이드를 따를 경우 역마진이 발생하게 된다. 그렇다면 투금사는 대출을 안 하는 것이 낫다. 돈 장사도 장사인데, 손해를 보면서까지 장사를 할 수는 없는 노릇이다. 꺾기는 금융회사가 대출을 해줄 때 대출금의 일정액을 저금리 상품에 강제로 예금하게 함으로써 예금금리와 대출금리 차이에서 발생하는 예대 금리 차이를 보존받기 위해서 하는 행위다.

투금사의 꺾기로 주로 활용되던 상품이 바로 CMA다. CMA는 예전에 어음관리 계좌로 불렸지만, 현재는 판매회사마다 다양한 버전의 이름으로 바꿔 부르고 있다. CMA를 어음관리 계좌라고 불렀던 것은 CMA의 자산운용의 기초자산이 RP, MMF 등과 같은 기업 발행 유가증권을 매개로 해서 자산운용을 했기 때문이다.

RP형 CMA 발행어음 CMA 그리고 MMF

현재 판매되는 CMA에는 두 가지 버전이 있다. CMA는 발행어음 CMA와 RP형 CMA로 구분되어 판매된다. 사실 이 둘의 차이는 별 의미가 없다. 그러나 알아두면 금융상식을 넓힌다는 측면에서 도움이 된다.

발행어음 CMA는 자산운용의 주 수단을 발행어음으로 한다는 의미다. 발행어음이 예금자 보호 상품이라는 것은 여러분도 알 것이다. 따라서 단순하게 생각하면 고객의 돈을 발행어음으로 운용해 그 수익률을 돌려주는 발행어음 CMA 역시 예금자 보호가 되는 상품이 되는 것이다. 발행어음 CMA는 종금사 계정 상품이다.

RP형 CMA는 발행어음 CMA와 같은 논리의 연장선에서 자산운용의 기초자산이 환매조건부채권인 RP이기 때문에 RP형 CMA라

부른다. 굳이 이 둘을 비교하자면, 발행어음 CMA는 예금자 보호가 되고 RP형 CMA는 예금자 보호 대상이 아니다.

그런데 CMA에 가입하는 경우, 사실 예금 보호가 되고 안 되고 여부는 중요한 선택 기준이 아니다. 왜냐하면 RP형 CMA도 그 기초 자산이 증권사가 보유 중인 우량 채권을 담보로 하기에 부실화될 가능성이 거의 없기 때문이다. 그러므로 CMA는 판매회사의 서비스 내용과 편의성 중심으로 평가한 뒤 선택하는 게 올바른 방법이다.

RP와 MMF에 대한 이해

RP와 MMF 두 상품 모두 대중에게 익숙한 상품은 아니다. 그러나 기업들은 대개 사내에 쌓아둔 적립금을 단기로 운용할 때 보통 이 상품들을 활용한다. 최근에는 저금리 탓에 고액 예금을 일시 예치하는 경우 이 상품들을 이용하는 사람이 늘고 있다.

RP는 경과 기간에 따라 확정금리를 지급하고, 증권사가 보유 중인 국공채, 특수채, 회사채를 담보로 해서 재 환매를 조건으로 발행되는 단기 금융상품이다. RP는 채권을 실물로 거래하는 게 아니라 증권사가 한국은행에 예치하고 있는 채권을 담보로 하여 발행하는 것이므로 안정성에 문제가 없다. RP는 1998년 7월 25일 이후 발행 분부터 예금자 보호 대상에서 제외됐다.

여기까지가 RP라는 상품에 대한 설명이다. 초보자는 무슨 말인지 이해하기 어려울 것이다. 그런데 이 상품을 이해하는 열쇠는 상품명에 다 나와 있다. RP는 'Repurchase Agreement'의 약어다. 그러니까, 증권사가 한국은행에 예치 중인 국공채, 특수채, 회사채를 담보로 해서 판매하는 단기 투자 상품으로, 기간별 차등 고정금리가 제공되는 상품이라고 이해하면 된다.

MMF는 'Money Market Fund'의 약어로, 일반적으로 단기 금융 상품으로 부른다. MMF는 고객의 돈으로 주로 금리가 높은 CP, 콜 자금 등에 투자하여 그 수익률에 따라 이득을 주는 실적 배당형 상품이다.

MMF의 투자 장점은 가입 금액에 아무런 제한이 없고, 하루만 거래하고 환매를 해도 환매 수수료가 붙지 않아 수시 입출금 통장으로 활용할 수 있다는 점이다. 또한 MMF는 만기가 따로 없기 때문에 언제 쓸지 모르는 일시적 여유자금을 적립할 때 유리하다.

정리해서 말하면, MMF는 가입 및 환매가 청구 당일에 즉시 이뤄지므로 자금 운용에 전혀 불편함이 없고, MMF에 편입된 채권에 대해서는 채권 시가 평가제의 적용을 받지 않기 때문에 시장 실세금리의 변동과 무관하게 안정적인 수익률을 기대할 수 있다. 현재 MMF는 신종 MMF와 클린(clean) MMF로 구분해서 판매되고 있다.

신종 MMF는 언제든 환매가 가능하며 클린 MMF는 가입 후 1개월이 경과한 후부터 환매가 가능하다. 신종 MMF와 클린 MMF는 환매조건이 다른 것 외에도 편입되는 채권의 신용등급 차이로 구분된다. 즉, 신종 MMF는 BBB- 등급 이상이면 편입 대상 채권의 조건을 갖추게 되지만, 클린 MMF의 경우는 A- 등급 이상의 채권만 편입하게 되어 있다.

만약 편입 채권의 신용등급이 BBB+ 이하로 떨어지게 되면 그 채권은 1개월 이내에 처분해야 한다. 이 두 가지 유형의 MMF 가운데 수익률은 아무래도 고위험 채권에 주로 투자하는 신종 MMF가 높다. 자신의 투자 마인드가 안정보다는 수익에 중점을 두고 있다면 신종 MMF를, 그 반대라면 클린 MMF를 선택하는 게 좋다.

단기 금융상품으로 MMF, RP, CMA 등은 다 좋은 상품이다. 이들 상품은 예금자 보호가 되지 않아도 대부분 우량 회사채, 단기 유동성 상품에 투자하기 때문에 원금손실 가능성이 거의 없다. 특히 CMA는 급여 이체 통장으로 활용할 수 있고, 이를 모 계좌로 이용하면 증권사의 다양한 고수익 상품에 투자할 기회가 많아진다.

월급쟁이를 위한
재형저축

재형저축은 말 그대로 재산형성을 돕기 위한 저축이란 뜻을 갖고 있다. 신 재형저축은 과거의 재형저축의 업그레이드된 버전으로 정부가 근로자와 자영업자들의 재산 늘리는 것을 돕고자 만든 상품이다.

나는 재형저축의 수혜자다. 군대에서 초급장교로 근무할 때 3년 만기로 재형저축에 가입하여 목돈을 만들어 전역 시점에서 목돈으로 받아 남보다 일찍 내 집을 장만하는 행운을 누렸다. 그 당시 재형저축의 금리는 거의 15% 이상으로 돈이 쑥쑥 늘어나는 것이 눈에 들어올 정도였다.

그러나 현재 새로 출시된 신재형저축은 정기적금 상품과 비교해 특별히 나은 점이 없다. 신재형저축이 장점으로 내세우고 있는 비과세 혜택도 이런 저금리 하에서는 별 효과가 없다. 물론 혜택이 없는 것보다는 낫지만 과거의 재산형성에 큰 기여를 한 재형저축이 18년 만에 부활한다고 많은 사람들이 기대를 하였다. 그러나 뚜껑을 열어보니 빛 좋은 개살구에 불과했다.

신재형저축은 아무나 가입할 수도 없다. 연봉 5,000만 원 이하의 근로자와 종합소득을 기준으로 3억 5천만이하의 개인사업자만 가입할 수가 있다.

정부가 서민에게 큰 혜택이라도 주는 것처럼 홍보를 했지만 실상은 별 볼일이 없다. 비과세 혜택이라는 것도 만기까지 장기간 가입해야만 주어지는 혜택이다. 요즘처럼 저금리 시대의 적금투자는 되도록 만기가 짧은 상품을 선택하고 만기 후 투자 상품으로 말을 갈아타는 것이 정석이다.

신 재형저축으로 가입할 수 있는 상품은 적금 펀드 보험이다. 따라서 은행 증권 보험사 모두에서 취급한다.

신 재형저축은 7년 이상 불입하는 경우에만 이자소득세 14%가 면제된다. 신 재형저축은 장기간의 가입기간이 요구되고 7년 이상 유지해야 비과세 혜택이 주어지는 것으로 현재의 금융시장 흐름에는 경제성이 없다.

신 재형저축의 불입한도는 분기당 300만원으로 매월 100만원 까지 불입할 수 있다. 가입 후 7년 이내 중도에 해약 하거나 제3자에게 양도를 하는 경우에는 감면받은 이자와 소득세가 모두 추징된다.

그리고 가입 후 5년간은 고정금리가 보장되지만 그 다음 해 부터는 변동금리를 적용한다. 결국 신 재형저축을 판매하는 금융회사들은 금리에 대한 위험을 다 회피한 상태에서 상품을 운용하는 것이다.

금융회사는 손해를 회피하고 고객의 돈은 7년 이상 묶어두는 효과가 생겨 절대적으로 금융회사에만 유리한 상품이 신 재형저축이다. 현재의 저금리는 변수가 아니라 상수다. 그렇다면 향후 금리가 오를 확률보다는 낮아질 확률이 더 클 것이라는 점을 감안하면 신 재형저축의 경제성은 계속 급감한다.

신 재형저축은 가입 후 1년 기간에 한해서 3년 이내로 연장이 가능하다. 신 재형저축이 기존의 적금상품을 대체하는 경제성이 있는 상품으로 알고 가입한 사람들이 많다. 물론 생각에 따라서는 그럴 수도 있다. 그러나 비과세 혜택을 받기 위해서 이 초저금리 시대에 7년간 적금상품에 돈을 묻어두는 것은 합리적이지도 경제적으로도 불리한 선택이다.

신 재형저축을 설계한 집단과 실제 시장의 수요자간에는 그 체감온도에서 참으로 극복하기 어려운 간극이 존재한다. 적금상품으로 비과세 혜택을 받겠다면 마을금고에 가서 하지 뭐 하러 그 긴 기간을 적금에 가입하는가. 마을금고 저축상품도 금리가 낮다. 적금상품 투자의 생각을 바꿔야 하는 시대에 7년 이상을 가입해야 비과세 혜택이 주어주는 상품에 투자한다는 것은 경제적으로 별 효과가 없다.

초 저금리 시대의 좋은 적금상품이란 만기가 짧고 0.1%라도 금리를 더 주는 상품이다. 비과세 혜택을 미끼로 이 혹독한 저금리 시대에 3년 이상의 가입을 조건으로 내세우는 상품은 좋은 적금상품이 아니다.

신용카드의 탄생

소득절벽이란 말이 맞기는 맞나보다. 신용카드 사용을 자제해야 지출을 합리적으로 통제 할 수 있다는 말이 오래전부터 나왔어도 신용카드를 이용한 고리의 현금서비스 총액이 줄지 않는 것을 보면. 최근에는 스마트 폰을 연계하는 핀 테크까지 등장해 신용카드의 이용편리성이 한층 더 업그레이드돼서 신용카드사용이 더 증가하는 현상으로 나타나고 있다.

신용카드는 카드회사의 입장에서는 최고의 수익을 올려주는 상품이지만 신용카드를 이용하는 소비자의 입장은 그렇지가 않다.

신용카드의 불합리한 점을 강조 해봤자 이제는 씨알도 먹히지 않는다는 사실을 모르지 않는다. 정부가 세원의 투명성을 밝히기 위해 적극적으로 신용카드사용을 권장하는 나라에서 신용카드사용의 유혹을 떨쳐버리기가 쉽지 않다. 신용카드 부가 서비스라는 것이 자신이 사용내역을 기준해서 받는 것임에도 할인서비스를 더 받기 위해 더 많은 신용카드를 사용하고 있다. 이제는 신용카드를 사용함으로써 발생하는 비용보다 이익이 더 크다고 생각을 하는 사람이 더 많은 정도다. 이런 상황에서 신용카드사용을 줄이라는 것이 어쩌면 더 현실성이 없는 말로 들린다. 신용카드를 안 쓰고 살 수는 없지만 지혜롭게 사용하는 방법은 생각해볼 수 있는 것 아닌가.

신용카드에서 제공하는 서비스는 일종의 전도금융이라고 하겠다. 물품구입비 현금 서비스를 카드회사가 선 지출 해주고 결제대금은 서비스에 대한 이용대금에 이자를 더해서 갚는 구조다. 결국 신용카드 서비스는 할부금융과 같은 팩토링 금융의 범위에 들어가는 대출상품이라고 표현해도 본질에서 벗어나지 않는다.

현금서비스 금리가 얼마나 되는 지 따져나 본적이 있는 가. 그냥 소액이고 이용하기에 편리하다는 이유로 우리는 너무 많은 이자를 카드회사에 내고 있다.

예금금리가 1%가 겨우 넘는 시대에 현금서비스는 이용수수료가 연 20%에 이른다. 같은 돈을 쓰면서 예금이자의 약 20배에 이르는 이자를 내는 것이다.

소득절벽에 빠진 가난한 사람들은 그 잘난 현금 서비스 몇 푼에 혹해 그들이 만든 틀에 갇히게 된다. 카드 사는 그 안에서 빨대 꼽고 평생을 우려먹는 다. 표현이 과해서 그렇지 이것이 현실이다. 결제를 제 때 못해서 카드 돌려막기를 하다 보면 깊은 수렁에 빠지는 것은 금방이다. 이렇게 카드 사에 코가 끼 다 보면 이 수렁에서 빠져나오기란 결코 쉬운 일이 아니다.

신용카드가 없으면 당장 불편해서 못 살겠다고 생각하면 체크카드를 사용 하는 것을 생각해봐라.

체크카드는 신용구매를 할 수 없고, 자신의 통장 잔액 내 에서만 결제가 이루어지기 때문에 과소비를 억제 할 수 있다. 자신의 통장 잔고 내에서만 결제가 가능하다. 요즘은 체크카드도 진화해서 소액의 경우에는 일부 신용구매가 가능한 상품이 나오고는 있다. 이것이 좋은 일만은 아니지만 이렇게 되면 체크카드도 도로 신용카드가 되는 것이 아닐 까 하고 살짝 우려는 되지만, 그래도 신용카드보다는 과소비를 억제하는 효과는 크다.

체크카드를 이용하면 물건 구매에 대한 결제와 동시에 SNS로 통장잔고에서 빠져나가는 돈을 즉시 확인 할 수 있다. 체크카드 사용금액에 대해서는 소득공제 혜택도 받을 수가 있다. 물론 신용카드도 소득의 25% 초과 사용금액의 20%까지 소득공제 혜택을 받을 수 있지만 빚내서 물건 사는 대가로 소득공제를 받는 다는 것이 웃긴 얘기 다. 체크카드는 소득의 25% 초과 사용금액의 25%까지 소득공제 혜택이 주어진다. 신용카드는 개인의 신용등급에 의해 사용한도와 카드 발급이 이뤄지지만 체크카드는 개인의 신용등급과 관계없이 자신의 통장 계좌만 있으면 누구나 제약 없이 만들 수가 있다. 최근에는 은행 창구에서 통장 개설시 체크카드 발급을 조건으로 내 걸기도 한다.

신용카드사용을 억제하고 되도록 체크카드 사용을 늘리라고 하는 것은 단지 체크카드가 좋아서가 아니다. 인간의 소비습관은 한 번 물들면 고치기가 어렵다. 신용카드가 쓰이기 시작한 것이 30년 쯤됐다. 그런데도 이렇게 빠른 속도로 우리 일상에 스며들었다. 이제는 몇 천 원의 금액도 신용카드로 결제하는 일이 보편적인 일이 되어 버릴 정도로 신용카드로 결제를 하는 것이 아주 자연스러워졌다. 우리가 신용카드로 결제 할 때마다 카드 사는 그냥 앉아서 결제대금에 대한 수수료만 받으면 된다.

세상일이 다 그렇겠지만 마음먹기 달렸다고하지 않던가. 당장 신용카드사용을 중지하면 신용구매에 대한 달콤함은 사라지겠으나 미래를 생각하면 지금부터라도 체크카드를 통한 구매를 늘리는 습관을 들여야 한다.

카드론 금리는
왜 높지

대부업체 신용카드 현금서비스, 카드론, 할부금융은 이용은
편리하지만 대출금리가 높다는 공통점이 있다. 이들 회사의 대출금
리는 왜 높은 것일까. 이들 회사는 여신전문회사로 예금을 받지못
한다. 저금리의 예금으로 자금을 조달하지 못하기 때문에 이들 회
사는 대출 자금을 조달하기 위해서 은행으로부터 대출을 받아야 한
다.

제법 규모가 있는 회사는 대출채권을 담보로 ABS(자산유동화증권)
을 발행하던지 카드채를 발행해 자금을 조달할 수 있다. 직접 예금
을 받지 못하고 카드채, ABS, 은행을 통해 대출자금을 조달하기 때
문에 구조적으로 대출이자가 비싸질 수 밖에 없다.

카드론 이용금액이 계속 증가하고 있다. 카드론은 구조적으로 고금리 대출상품이 될 수밖에 없다. 카드 사는 은행처럼 예금을 받을 수가 없어 대출자금을 외부에서 간접금융을 이용해 조달 할 수밖에 없는 구조다. 이런 고금리 대출상품의 이용실적이 늘어난다는 것은 문제 다. 2006년의 카드론 이용실적은 11조원이었다. 이 금액은 10년이 지나 2015년 말 기준으로 34조원으로 3.4배 늘었고 지금도 계속해서 늘고 있다.

창업을 꿈꾸거나 이미 사업을 하고 있는 사람이 반드시 알아야 할 것이 팩토링 금융이다. 나아가 각종 매출채권 회사 보유의 유가증권을 활용해 자금을 융통하는 것에 대해서도 해박한 지식을 갖추어야 한다. 사업을 하는 사람이라면 모두 공감하는 얘기는, 결국 사업은 자금이 한다는 것이다. 돈이 많다면 왜 사업을 하겠는가. 사업이 정상궤도에 들어서기까지 사업자금 압박은 누구에게나 늘 발생하는 일이다. 이때 유용하게 써먹을 수 있는 것이 바로 금융기술이다.

지금은 부실 금융회사의 대명사 격이 됐지만 저축은행이 한때 기업금융 분야에서 은행 이상의 경쟁력을 가졌던 이유는, 저축은행이 중소기업을 대상으로 하는 팩토링 금융 분야에서 경쟁력이 있었기 때문이다. 저축은행은 지점 증설이 어려운 구조 탓에 개인을 대상으로 하는 소매금융으로는 규모의 경제를 실현할 수 없었다. 잘나가는 저축은행 지점들이 기업금융에 '올인' 한 이유가 여기에 있다.

기업이 저축은행과 거래하면 좋을 게 없다. 대출금리도 높은데 말이다. 그럼에도 기업이 저축은행과 거래를 한 데에는 그럴 만한 충분한 이점이 있었기 때문이다. 저축은행은 우선 기업의 매출채권을 담보로 하는 팩토링 금융을 매우 탄력적으로 운용해 다양한 금융 서비스를 제공했다. 그 중심에 있던 금융 서비스가 바로 팩토링 금융이다.

그럼 먼저, 팩토링 금융이 무엇인지를 알아보자. 팩토링(Factoring) 금융이란 쉽게 말해서 팩터(Factor)가 하는 일이다. 여기서 팩터는 바로 금융회사다.

팩토링 금융은 일종의 대출 업무와 같다. 다만 그것이 단기간에 이뤄지고 기업의 매출채권을 가지고 한다는 점에서 구별된다. 팩토링 금융의 개념은 우리에게 익숙한 할부금융의 개념과 같다. 다른 점은 그 주체가 일반 소비자가 아니라 단기자금을 조달해야 하는 기업이라는 것이다.

팩토링 금융이 낯설게 느껴지는 사람은 할부금융을 생각하면 된다. 할부금융은 팩토링 금융의 하나다. 할부금융은 고가의 물건을 일정 기간을 두고 분납하는 조건으로 구매하는 데 필요한 자금을 지원하는 금융을 말한다. 이런 할부금융의 다른 이름이 팩토링 금융이라고 생각하면 된다.

여기서 팩터는 할부금융 업무를 취급하는 모든 회사를 말한다. 캐피털, 할부금융사, 카드사(은행카드, 카드 전업사 모두 포함)가 모두 포함되는 개념이다.

따라서 팩토링 금융이란, 금융회사(팩터)가 기업(개인사업자 포함)이 보유하고 있는 매출채권(확정채권, 미확정채권)과 유가증권(진성어음, 주식, 채권 등)을 담보로 해서 채권의 만기일까지 이를 담보로 전도금융을 제공하는 금융 서비스라고 할 수 있다.

팩토링 금융은 다양한 금융 서비스를 받을 수 있는 장점이 있다. 예를 들어 기업이 보유하고 있는 유가증권을 담보로 해서 대출을 받을 수도 있고, 또 유가증권을 담보로 그 한도 내에서 융통어음(상거래가 수반되지 않는 자금을 융통하기 위해 발행하는 어음)을 자금이 필요할 때마다 할인해 운전자금을 조달할 수 있다. 이렇게 하면 불필요한 금융비용을 줄일 수 있어 기업의 현금 흐름을 탄력적으로 운용하는 데 도움이 된다.

그러나 개인의 신용을 담보로 해서 팩토링 금융을 서비스하는 카드사의 고금리 대출상품은 가능한 이용하지 말아야 한다.

악마의 금융 사채가
존재하는 이유

사업을 한다는 것은 그 규모에 상관없이 불확실한 미래에 도전하는 것이다. 그래서 위험은 숙명적이다. 이 불확실성은 자금 관리에도 필연적으로 따른다. 사업을 하다 보면 예기치 않게 자금운용에 어려움을 겪기 마련이다. 어떤 이유에서든 갑자기 매출이 곤두박질치는데, 나가야 하는 고정비는 그대로다. 이런 경우 운영자금은 사업을 통해 조달하지 못하기 때문에 금융권의 자금 지원을 받아야 한다. 그런데 매출 하락과 동시에 신용등급마저 떨어지면 주거래 은행조차 신규 대출에 난색을 표하는 것이 일반적이다.

사업을 하다 보면 이런 일은 수시로 찾아온다. 그러나 이런 이유 때문에 사업을 접을 수는 없다. 사업을 하면서 부딪치게 되는 어려움은 극복해야 되는 것이지 그 때문에 사업을 포기할 수는 없는 노룻이다.

다행히 은행에서 어음할인이 거절된 '진성 어음'을 갖고 있다고 해보자. 은행에서 어음할인이 안 된다니 다른 곳에서라도 할인해 운전자금을 조달해야겠는데, 소위 제도권이라고 하는 금융권에서는 어음할인을 해주는 데가 없다. 이런 처지에 놓인 사람이라면 비(非)제도 금융권인 사채시장에서라도 어음할인을 하여 자금에 숨통을 터야 한다.

자금 흐름이 정상적이라면 누가 이런 걱정을 하겠는가. 하지만 자금이라는 것이 꼭 필요한 시점에 구할 수 있는 것도 아니고, 그래서 사업을 살리려면 고금리인 줄 알면서도 사채를 이용할 수밖에 없는 경우가 있다. 이런 처지에 몰렸다면 사채의 생리를 잘 알고 대처하는 것이 필요하다. 그런 점에서 사채는 사업하는 사람에게는 필요악이다.

사채란 소위 제도 금융권이 아닌 민간 부문에서 돈거래를 하는 영역을 말한다. 사채 하면 떠오르는 게 고리 대금이다. 이에 대해서는 돈을 빌리는 입장과 빌려주는 입장 사이에 커다란 인식 차이가 있다. 물론 정부가 정한 이자 상한선을 지키지 않고 서민을 등치는 불법 사채업자는 공공의 적이다.

하지만 정상적으로 이자 상한선을 지키는 사채업자는 사채이자가 높은 것을 당연하게 여긴다. 왜냐하면 사채시장에서 돈을 빌리는 사람은 대부분 신용등급이 낮아 제도권에서는 돈을 빌리지 못하는 사람이기 때문에 대출금 회수율이 낮고 채권 관리에 드는 비용도 상대적으로 높아 높은 이자를 받을 수밖에 없다고 생각하는 것이다. 반면에 돈을 빌리는 사람 입장에서는 은행의 대출금리와 비교해 최고 10배 이상 높은 금리는, 아무리 아쉬워서 돈을 빌린다지만 매우 부당한 일로 여겨진다.

본래 사채시장은 지금처럼 고금리로 개인을 등치는 악덕 사채업자만 있는 곳이 아니었다. 10년 전만 하더라도 사채시장은 제도금융의 손이 미치지 못하는 곳에서 나름 일정 부분 순기능적 역할을 했다. 이와 관련해 사채시장이 큰 역할을 해왔던 곳이 기업의 받을어음(진성어음)을 중개하는 명동의 어음중개소였다.

여기서는 은행권에서 할인 한도가 부족하거나 받은 어음의 신용도가 떨어져 어음 할인으로 자금을 조달하기가 어려운 기업과 개인 투자자를 연결시켜주었다. 이 방법을 통해 개인 투자자는 상대적으로 고수익을 올릴 수 있었고, 기업은 상대적으로 높은 금리지만 운전자금을 조달해 기업경영에 요긴하게 사용했다.

이 시장의 특징은 받을 어음의 금리가 기업의 신용을 기초로 해서 매우 과학적이고 합리적으로 체계화되어 있다는 점이다. 개인을 대상으로 고금리로 대출하는 지금의 대부업체와는 완전히 다르다. 특히 금융 자유화 이전까지는 만성적인 자금 부족으로 소위 3불 시대(금리, 기간, 금액을 불문하고 무조건 자금을 구하고 본다는 뜻)에 자금 조달에 갈증을 느끼던 기업에게는 사막의 오아시스 같은 역할을 했다.

명동 어음시장에서는 신용으로 어음할인이 이뤄지므로 이곳에서는 거의 모든 유가증권, 코스닥 상장기업의 재무현황을 실시간으로 파악하고 있다. 따라서 여기서 어음할인이 되지 않는 어음을 발행한 기업은 역으로 재무현황이 매우 심각한 처지에 몰렸다는 것을 의미한다.

만약 여러분이 증권사를 통해 고수익을 노리고 투기 등급에 가까운 BB-, BBB 등급의 회사채, ABS(자산 유동화 증권), CP 등에 투자한다고 할 경우 아무래도 발행기업의 위험을 측정하는 것에는 한계가 있다. 이런 경우 명동의 어음중개사무소에 마치 투자하는 것처럼 전화해 해당 기업의 어음이 현재 시장에서 유통되는지, 금리는 어느 정도인지를 체크한 후 투자하면 위험을 줄일 수 있다.

지금이야 사채가 서민을 등치는 악마의 금융으로 전락했지만, 내가 실무에서 한창 일하던 시기만 해도 사채시장(기업금융을 주로 하던 명동 사채시장)은 제도금융이 못하는 보완재 역할을 하는 순기능적인 면이 있었다. 사채 시장은 신용으로 어음을 취급하기 때문에 유통되는 어음의 발행기업 신용도 체크가 매우 과학적이고, 그에 따라 위험 가중치를 매겨 금리를 결정했다. 그래서 우리 법인 영업부 근무자들조차 특정기업의 신용상태를 사채시장을 이용해 알아보는 것이 관례였을 정도다. 이 기능은 아직까지 살아 있어 지금도 유효하다.

만약 여러분이 투자하고 있는 투기 등급의 회사채, CP, 코스닥 시장 상장법인의 리스크가 궁금하다면 이들 사무소에 문의해 알아보는 것도 하나의 방법이다.

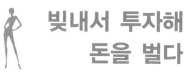

빚내서 투자해
돈을 벌다

여러분이 거래하는 은행에서 여러분에게 '예금이자 1%를 더 받겠는가, 아니면 대출금리 1%를 깎아줄까?' 라는 제안이 들어온다면 여러분은 어느 쪽을 선택하겠는가.

개인마다 셈법이 달라 각자 대답이 다르겠지만, 계량적으로 따져 말하면 당연히 대출금리 1%를 깎아주는 것이 더 경제적이다. 우선, 예금금리 1%는 이자에 대한 세금 15.4%를 공제하기 때문에 사실상 1%에 못 미친다. 대출금리 1%로 나가는 돈의 기회비용을 복리예금과 비교하면 실제로 나가는 이자는 1% 이상이다.

따라서 너무도 당연하게 예금금리 1% 더 받는 것보다 대출금리 1%를 깎아주는 것이 더 경제적이다. 비교 대상이 1%라 그렇지 만약 10%라면 (예금이자는 현재의 금리 수준에서는 실효금리로 1%

받기도 거의 불가능한 반면 대출이자는 신용대출의 경우 대출이자 상한선이 27.9%) 기회비용 손실은 더욱 커진다.

여러분이 현재 은행에 예금해서는 1% 이자도 받기 어려운데, 대출은 신용대출의 경우 최저 금리로 대출을 받는다 해도 3.8%다. 1,000만원을 예금해봤자 1년에 10만원 이자도 받기 어렵다. 그런데 100만원을 금리 20%로 대출받았을 때 매월 나가는 이자를 복리로 환산해 계산하면 20만원이 넘는다. 20대 1의 차이다. 부당하다고 생각하지 않으면 이상한 사람이다. 그런데 문제는 이런 부당함을 바꿀 수 없다는 데 있다. 이것은 제도의 폭력임이 분명하지만 결국 개인이 극복해야 하는 문제이기 때문이다.

최근 은행의 과도한 수익성 중심 경영에 대항하여 은행 무용론이 널리 전파되고 있다. 하지만 그것은 은행의 예금 및 거래 수수료에 관한 것이다. 대출의 경우 은행은 여전히 소비자 입장에서 볼 때 비교우위에 있는 금융회사다.

자, 여러분이 창업을 한다고 생각하고 창업자금을 조달하는 방법에 대해서 알아보자. 먼저 부동산이나 유가증권을 담보로 해서 자금을 구하는 것은 사실 일도 아니다. 여러 곳의 은행에 대출을 문의하고 금리를 협상해서 가장 낮은 금리와 가장 유리한 상환조건을 제시하는 은행을 선택하면 된다.

그러나 마땅한 담보가 없는 사람은 신용대출에 의지할 수밖에 없다. 이 경우 대부분 보증기금의 지급 보증서를 은행에 담보로 맡기고 대출받는 것이 일반적이다. 이 경우 그동안 금융거래를 주로 해왔던 주거래 은행에서 대출받으면 거래실적을 인정받아 대출금리를 낮출 수 있다.

　또 은행 거래실적을 잘 관리해 우수한 신용등급을 유지하면 저금리로 대출받아 소위 말하는 레버리지 효과도 노릴 수 있다. 사업을 하다 보면 돈 되는 아이템이 보이게 마련이다. 이때 부족한 자금을 은행을 통해 대출받고 수익성 높은 곳에 투자한다면 투자금액이 커지는 만큼 투자수익도 많아진다.

　최근 정부는 경기 활성화를 위해 저금리 정책을 강제하고 있다. 한국은행의 실질 기준금리는 거의 제로 금리 수준에 왔다. 기준금리가 이 수준이라면 은행예금으로 재테크하는 것은 현실성이 없다. 그러나 투자를 하는 입장에서 낮은 금리로 대출을 받는 것은 매우 매력적이다. 문제는 아무리 낮은 금리의 대출이 가능하다고 해도 신용관리를 제대로 하지 못한 사람에게는 이것이 '그림의 떡'이라는 점이다. 시중금리가 거의 제로 금리를 향해 가는 현재의 투자환경에서는 예금을 잘하는 사람보다 대출을 잘 이용하는 사람이 투자의 '갑'이다.

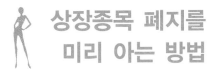

상장종목 폐지를 미리 아는 방법

'흑자 부도' 란 말을 들어본 적이 있을 것이다. 장부상으로는 흑자가 분명한데도 예기치 않은 일로 회사가 파산하는 경우를 흑자 부도라 한다. 회사가 흑자 부도가 나는 데에는 많은 이유가 있을 수 있다. '미필적 고의' 라고 사주가 일부러 부도를 내는 경우도 있다. 그러나 중소기업 사주 가운데 고의로 부도를 낼 정도로 도덕적으로 문제가 있는 사람은 거의 없을 것이다. 그렇다면 왜 중소기업이 흑자 부도가 나는 걸까.

중소기업이 흑자 부도를 내는 것은 필시 거래회사의 파산으로 인해 매출채권이 부실화됐기 때문일 것이다. 중소기업은 대기업에 생산품을 납품하든 또는 대기업의 용역을 받아 회사를 운영하는 기업이든, 거래처가 파산하면 연쇄적으로 회사경영 상태에 커다란 악

영향을 미치게 된다. 특히 대기업에 매출의 거의 대부분을 의지하는 회사는 대기업 파산이 바로 부도로 연결된다.

건설업이나 광고업을 하는 작은 회사는 대부분 대기업으로부터 하청을 받아 일을 한다. 대기업과 거래하는 회사들은 대개 일의 진행 정도에 따라 결제를 받게 되는데, 이때 현금으로만 결제를 받는 것이 아니라 받을 어음으로 결제 받는 비율이 높다.

만약 여러분이 종합 건설회사의 일을 맡아서 하는 전기공사 하도급 회사를 운영한다고 가정해보자. 그리고 공사대금의 거의 대부분을 받은 어음으로 결제 받는다고 하면 받은 어음이 만기일이 되어 현금화되어야만 비로소 운전자금을 확보할 수가 있다. 그런데 받은 어음의 만기일이 되기 전에 원청회사가 파산이라도 하면 그 받은 어음은 휴지조각이 되어버린다.

단종 회사라 불리는 건설전문회사들은 대부분 받은 어음을 만기일 전에 어음할인을 하여 운전자금을 조달하면서 회사를 운영해나가는 게 일반적이다. 그런데 받은 어음이 만기일 전에 원청회사의 파산으로 휴지조각이 되었다면, 어음 만기일 전에 금융회사로부터 기 할인한 어음의 금액까지 금융회사에 돈을 돌려줘야만 한다. 이 경우 매출의 대가로 받은 어음이 부도 처리되면서 장부상으로는 흑자임에도 그 영향으로 회사가 파산하는 일이 자주 발생한다. 그리고 받은 어음이 부도가 나지 않더라도 은행의 재할인 대상에 속하지 않는 어음을 받거나, 원청회사의 신용도가 떨어져 어음 할인 팩토링을 통해서도 자금조달이 어려워지는 경우, 작은 회사는 자금운용에 문제가 생기게 된다.

예전에 내가 컨설팅을 하던 건설 외주회사는 매출이 급신장하는 회사였다. 그러나 항상 자금운용에 곤란을 겪었다. 그 이유는 매출 확대에만 몰두한 나머지 거래처의 신용검증을 소홀히 했기 때문이다. 그 결과 공사 대가로 어음으로 결제를 받아도 이를 제도 금융권에서 할인해 운전자금을 조달하기가 어려웠다. 앞에서 말한 것처럼 거래처의 신용이 은행의 어음 할인 팩토링 금융을 받기에는 문제가 있었던 것이다.

일은 열심히 해놓고 받은 어음을 활용해 자금을 조달하지 못한다면 문제가 있는 것이다. 그 회사는 결국 원청기업의 부도로 공사 대가로 받은 어음을 제대로 활용하지도 못한 채 자금 압박으로 파산하고 말았다.

세상의 거의 모든 작은 회사는 업종에 상관없이 갑과 을의 관계에서 을의 위치다. 물론 거래대금을 현금으로 결제 받는다면 이런 문제가 발생하지 않을 것이다.

어음을 할인해 운전자금을 조달하는 경우 어음 만기일에 따라 금융비용이 발생하고 회사의 재무상태에도 악영향을 끼친다. 또 작은 기업은 매년 매출이 성장해야, 이를 기준으로 보증기금에 대출 보증서를 더 요구할 수 있다. 거래처의 재무상태를 따져서 거래하는 것이 말로는 쉬워 보여도 서로 다른 이해관계가 얽혀 있기에 그리 간단하게 생각할 문제는 아니다. 그럼에도 사전에 거래처의 재무상태를 평가하고서 거래처를 선택하는 것은 나중에 발생할 수 있는 사업 리스크를 줄이는 일이다.

거래처의 신용을 평가하는 방법으로는 신용평가기관의 자료를 활용하는 게 일반적이다. 그러나 페이퍼에만 의존하는 것은 한계가 뚜렷하다. 시장 동향에 따라 기업경영은 순식간에 변할 수도 있기 때문이다. 그렇다면 거래처의 신용상태를 파악하려면 어떤 방법이 좋은가. 업계 종사자들에게 직접 물어서 알아보는 방법이 있지만 과연 누가 이해관계를 떠나 진실을 말해 주겠는가.

이 문제를 푸는 방법 중 하나가, 거래기업이 코스 닥 상장법인 이상의 규모를 갖고 있는 기업이라면 명동에 있는 어음중개사무소에 해당 기업이 발행한 어음이 시장에 유통되는지를 알아보는 것이다. 만약 유통되고 있다면 할인금리가 어느 정도나 되는지를 물어 이를 통해 거래처의 신용을 파악할 수 있다.

명동 사채시장에서 신용으로 유통되는 어음이라면 단기간에 해당 기업이 위기에 처하지는 않으리라는 것이 역으로 증명되는 것이다. 만약 유통이 되는 어음이라 할지라도 할인금리에 따라 그 기업의 신용을 가늠해볼 수 있다. 이것이 과학적인 방법은 못 된다고 할지라도 거래기업의 신용상태를 파악하는 방법으로는 꽤 유용하다.

제4장

예금금리 두 배 이상 받는 고수익 상품 투자법

예금보다
따따블 버는 회사채

실질 기준금리가 제로 금리를 향해 가는데 채권에 투자해서 과연 10%의 금리가 가능하다는 말이 현실성 있는 얘기일까. 물론 누구나 채권에 투자하면 10%의 수익률을 올릴 수 있다는 얘기는 아니다. 그러나 채권의 운용방법에 따라 이것이 불가능한 것은 아니다. 채권 투자의 수익률은 개인 능력에 따라 달라진다.

정기예금처럼 확정수익률 상품인 회사채 투자로 정기예금 금리의 3~5배에 달하는 수익을 올린다는 것이 결코 과장이 아니다.

2014년 기준으로 산업금융 채권의 1년 만기 최고 수익률이 2.77%, 1년 만기 은행의 정기예금 금리는 2.69%였다. 그러나 투자적격 채권으로 분류되는 BBB- 등급의 회사채 3년 물의 연중 최고 수익률은 9.047% 였 다. 항상 이 비율이 유지되는 것은 아니지만

BBB-등급의 회사채 수익률은 보통 은행예금 금리의 3~5배 높다. 현재도 마찬가지다. 이것이 우리가 회사채 투자에 관심을 가져야 하는 이유이기도 하다.

정책금리인 한국은행 기준금리는 은행권 상품에는 절대적인 영향을 미치지만, 실제 시장에서 결정되는 금리는 증권시장에서 유통되는 채권, 자산 유동화 증권, CP를 발행하는 주체(기업)의 신용도에 절대적인 영향을 받는다. 이 이치를 깨달아야만 저금리에도 기준금리 이상의 수익을 올리는 것이 언제든 가능하다는 것을 알 수 있다.

우리의 금융투자는 소매금융에 치우쳐 있다. 금융시장에서 도매시장은 경매를 하는 것처럼 사는 자와 파는 자가 만나 직접 가격을 흥정하는 증권시장이다. 특히 채권 거래의 경우 흥정의 묘미가 가장 잘 구현되는 곳이 장외시장이다. 이곳에서는 발행기업과 이를 구매해 재판매하는 증권사 간의 가격 흥정을 통해 채권이 거래된다. 발행기업이 같고 액면가, 만기일이 같은 채권의 매매가격이 증권사마다 다른 이유도 여기에 있다.

증권시장을 통한 직접거래에 눈뜨기 바란다. 지금의 지독한 저금리를 극복하는 유일한 방법은 증권사, 증권시장을 통해 직접 투자하는 것이다.

회사채, 자산 유동화 증권 등의 고수익 상품을 직접 거래하면 무엇이 좋은가.

첫째, 금융회사를 통해 간접 투자하는 것과 비교해 일단 수수료가 없다. 펀드, 은행 연금이나 신탁형 상품이 좋다 나쁘다를 떠나서 이들 상품은 수익률이 나건 안 나건, 원금을 까먹건 말건, 무조건

수수료를 내야 한다. 투자자 입장에서 생각하면 얼마나 부당한 일인가. 그래서 은행권, 보험사의 저축상품, 펀드에 투자하면 할수록 투자자는 오히려 가난해진다는 말이 금융시장에서는 꽤나 설득력이 있다.

둘째, 온라인 쇼핑몰의 시장점유율이 증가하는 것은 역설적으로 전통적인 오프라인 시장의 파이가 그만큼 줄어들었다는 것을 의미한다. 그러나 IT 전자제품 도매시장인 용산 전자상가의 위상은 계속 유지되고 있다. 왜 그럴까. 가격뿐 아니라 다양한 구색의 IT 전자제품을 눈으로 즐기며 쇼핑하는 즐거움을 제공해주고, 온라인에 견주어 오히려 가격이 싸다는 메리트가 있기 때문이다.

금융시장도 마찬가지다. 지금은 소매 금융회사가 온라인상에서 금융 몰을 운용하고, 이를 통해 보험 가입까지 할 수 있는 시대다. 그렇지만 금융상품의 전통시장은 여전히 증권시장이고 증권사다. 그렇다면 여러분은 금융쇼핑을 어디서 해야 경제적으로 이익이 되겠는가. 이쯤 설명했으면 대답은 물으나 마나다. 증권시장과 증권사다.

채권금리는 시장금리보다 발행 기업의 위험도에 따라 결정된다. 위험도가 높은 기업이 발행하는 회사채를 쓰레기 채권이라는 의미로 '정크(junk) 채권'이라 부른다. 이처럼 위험도가 높은 하이 일드 채권은 신용등급 BBB 이하인 투자 부적격 채권으로, 투자 적격 등급의 채권과 달리 상대적으로 부도 위험이 높은 기업이 발행한 채권을 가리킨다. 그래서 고수익이 가능하긴 하나 그만큼 투자 위험이 높다.

위험도가 상대적으로 낮은 투자 적격 채권으로 분류되는 BBB-등급 이상의 회사채 중에서도 정기예금보다 3~5배 수익이 가능한 것들이 있기 때문에 너무 과도한 욕심은 자제하는 것이 좋다. 이제 여러분도 기업이 발행하는 고수익 금융상품인 회사채, 자산 유동화 증권, CP 등을 증권시장, 증권사를 통해 직접 거래하는 것이 저금리 시대의 금융상품 투자법이라고 말하는 이유를 알고 이를 실천으로 옮기기 바란다.

초보자도 아주 쉽게
회사채에 투자하는 법

비교적 소액으로 투자할 수 있고, 상대적으로 고수익을 보장하는 상품인 회사채를 만기까지 보유할 경우 정기예금처럼 확정금리가 보장된다.

기업이 발행하는 회사채와 같은 성격의 상품이 소위 자산 유동화 증권에 속하는 후순위 채권, MBS, 자산 유동화 기업어음인 ABCP다. 지금과 같은 저금리 기조에서는 그나마 이들 상품이 소액 투자로 자산 늘리기에는 적합하다. 그래서 초보자들에게 기업이 발행하는 채권, 즉 회사채, 자산 유동화 증권에 금융투자를 집중하라고 말하는 것이다.

문제는 소매 금융회사의 연금, 저축성 상품 투자에만 길들어 있는 이들에게 채권이나 채권 관련 상품은 매우 낯설다는 점이다. 그러나 우리가 모르고 있을 뿐이지, 우리는 이미 광범위하게 채권에 투자를 하고 있다. 물론 간접투자 방식으로.

채권은 쉽게 말해서 개인 간에 돈 거래를 할 때 주고받는 차용금 증서다. 단지 그 차용금 증서의 발행 주체가 개인보다 공신력이 있는 정부투자기관, 일정 등급 이상의 신용을 가진 기업이라는 것이 차이점이다. 또한 채권은 유가증권 상장시장을 통하여 주식 거래와 마찬가지로 장내거래를 할 수 있다. 뿐만 아니라 증권사가 발행시장에서 매입한 장외채권을 증권사의 금융 몰을 통해 안전하게 투자할 수도 있다. 이처럼 거래 방법이 쉬움에도 우리가 채권 직접투자를 낯설게만 여긴다면 이는 몰라서가 아니라 익숙한 투자 방법이 아니기 때문일 것이다. 지금이라도 늦지 않았다.

채권은 정부나 기업이 자금을 조달하기 위해 발행하고, 채권 유통은 주식과 마찬가지로 증권시장에서 이루어진다. 이를 채권의 장내거래 방식이라고 부른다. 그런데 채권은 이렇게 증권시장을 통해서만 거래되는 것이 아니다. 장외거래라는 것도 있다. 이것은 증권사가 채권을 발행시장에서 직접 매입하여 이를 고객에게 되파는 방법이다. 우리가 비교적 쉽게 증권사의 금융 몰을 이용해 채권에 투자할 수 있는 것도 이런 장외거래 방식이 있기 때문이다.

왜 채권에 투자를 집중해야 하는가. 그 이유는 매우 명확하다. 그렇게 하는 것이 우리가 일반적으로 투자하는 은행권 금융상품과 비교해 최대 5배 이상의 수익을 올릴 수 있기 때문이다. 이것은 지금 당장 대형 증권사의 금융 몰에서 판매하고 있는 채권 관련 상품들의 수익률을 살펴보면 확인할 수 있다.

지금의 금리는 저금리 수준을 넘어 실질금리 제로 시대다. 은행의 정기예금에 투자해 받는 세후 이자가 겨우 1% 수준이다. 이 정도 금리는 물가상승률을 고려했을 때 경제적 이득이 없는 제로 금리 상태라고 할 수 있다.

　우리가 채권에 대한 직접투자에 익숙하지 않아서 그렇지 우리는 이미 채권에 투자하고 있다. 은행의 신탁상품, 혼합형 펀드, 채권형 펀드에서 연금 저축상품에 이르기까지 간접적으로 채권에 투자를 하고 있는 것이다.

　은행의 신탁상품은 고객이 예치한 돈으로 주로 채권에 투자한 뒤 그 수익을 고객에게 배분한다. 펀드도 마찬가지다. 이렇게 우리가 채권에 간접 투자하는 경우 우리는 일정액의 수수료를 내야 한다. 이 수수료는 원금손실이 발생하는 경우에도 예외가 없다.

　그렇다면 직접 채권에 투자하면 되는데도 수수료를 내면서까지 간접 투자할 이유가 어디에 있는가. 채권은 금융상품으로 치면 금리가 만기까지 확정되는 고정금리 상품이다. 내가 직접 투자하면 수수료를 안 내도 되고, 오히려 상대적으로 고금리를 주는 다양한 채권상품에 투자할 수도 있다.

　투자의 변동성이 큰 주식과는 달리 채권은 상대적으로 매우 안전한 투자상품이다. 초보자도 몇 가지 채권 투자 지식만 알고 있으면 누구나 전문가 수준의 투자를 할 수 있다.

　다시 말하지만, 우리는 이 안전하고 상대적으로 수익률도 높은 채권이라는 상품이 있음에도 돈도 되지 않는 은행권 상품에 시간과 돈을 허비하고 있다. 사람들은 대개 익숙한 소비를 반복하는 경향이 있다. 우리는 어떤 상품이든 도매시장을 이용하면 싸고 다양한 구색의 상품을 쇼핑할 수 있다는 것을 잘 알고 있다. 그럼에도 동네 수퍼에서 대부분의 생활용품을 구매하는 이유는 그것이 편리하고 익숙하기 때문이다. 다른 특별한 이유가 있는 게 아니다.

도매시장 하면 아무래도 거래가 몇몇 거상들에 의해 대규모로 이루어진다. 그래서 소량을 구매하는 개인은 도매시장에서 환영받는 손님이 아니다. 동대문 의류시장을 가면 주로 새벽에 장이 열린다. 이 시장을 이용하는 사람들은 대개 지방에 점포를 갖고 있는 사람들이다. 그렇다고 해서 상품을 구매할 수 없는 것은 아니다. 거리도 멀고 새벽에 장이 서는 동대문시장을 많은 여성이 눈 비벼가며 찾는 이유가 뭘까. 가격 때문만은 아니다. 그곳에서 파는 다양하고 패션을 선도하는 상품의 가치를 잘 알고 있기에 힘들어도 찾는 것이다.

동대문 의류 도매시장을 가면 최신 유행을 선도하는 디자인의 제품을 만날 수 있는 것을 비롯해 무엇보다 제품 구색이 다양하다. 하지만 여기서 쇼핑하는 사람들 대부분은 마니아층이다. 다른 이들은 대개 이런 쇼핑에 익숙하지 않다. 귀찮게 여기기도 한다.

금융상품의 도매시장이 바로 증권시장이다. 그리고 그 중개를 대행하는 회사가 증권사다. 증권시장에서는 장내거래를 통해 주식에서부터 국공채, 회사채 등 다양한 기관(기업)이 발행한 채권, 자산 유동화 증권은 물론 CP 등과 같은 단기 유동성 상품에 투자할 수 있다.

물론 이 시장 역시 소위 기관이라 부르는 금융회사, 연기금 등이 거래를 주도하고 거래 단위 금액도 커서 소액으로 투자하는 개인이 끼어들어 거래하기 어려운 한계가 있다. 그럼에도 개인이 소액으로 얼마든지 쉽게 채권에 투자할 수 있다고 말하는 이유는, 증권사가 발행시장에서 채권을 직접 장외거래 방식으로 매입한 뒤 이를 쪼개서 고객에게 되파는 거래를 하기 때문이다. 따라서 채권 상장시장 안에서 이루어지는 장내거래를 통하지 않아도 증권사 금융 몰을 이용하면 쉽게 다양한 수익률을 가진 채권상품에 투자할 수 있다. 복잡하게 생각하지 말고 증권사 오프라인 창구를 방문해서 직접 투자하는 기회를 갖기 바란다. 그 과정을 몇 번만 반복하면 누구나 쉽게 투자할 수 있는 것이 채권 투자다.

이 책은 금융에 막 입문한 초보자를 위해 쓴 책이다. 그래서 채권투자의 복잡한 내용을 정리해서 기본적으로 꼭 알아두어야만 하는 내용을 중심으로 설명하고 있다.

앞에서 개인도 채권을 발행한다고 말했다. 형식만 다를 뿐 개인 사이에 금전을 거래할 때 채무자가 작성하는 차용금 증서가 증권시장에서 유통되는 채권과 별반 다르지 않다. 생각해보자. 개인 사이에 금전을 거래할 때 이자를 어떻게 정하는가. 과학적 기법으로 개인 신용을 평가해 이자율을 정하지는 않는다. 하지만 오랜 기간 채무자와의 돈거래에서 형성된 신용도를 기준으로 하여, 사회적 통념상 인정되는 정도에서 금리를 정하지 않는가. 또한 차용금 증서에는 이자율, 채무의 만기일, 원금 상환일을 기재하고, 채무자 개인에 대한 공증을 첨부해 안정성을 도모한다.

채권도 마찬가지다. 다만 그 발행주체가 사회에서 검증된 기관,

우량기업이 발행 주체라는 점과 제도 금융권 내에서 거래가 이뤄진다는 게 다른 점이다.

증권시장에서 유통되는 채권은 일정 수준 이상의 신용등급을 가진 기관이 발행한다. 증권시장에서는 보통 BBB- 투자 적격 등급 이상의 채권이 거래된다. 물론 그 이하인 투기 등급 채권도 거래되기는 한다. 그러나 아무리 수익률이 높다고 해도 원금상환 능력이 불투명한 기업이 발행한 채권에 투자할 사람은 거의 없을 것이다.

채권금리는 발행기관의 신용 등급에 따라 결정된다. 금리는 상대적 개념이라는 것을 알아야 한다. 우리가 은행에서 신용으로 대출받을 때 금리가 정해지는 원리를 생각해보자. 같은 신용대출을 받는 사람이라 해도 누구는 우대금리를 적용받는 반면에 또 다른 누구는 사채 수준의 금리를 적용받는다. 그 이유는 개인의 신용등급에 따라 채무상환의 이행 여부가 다르기 때문이다. 이는 신용등급이 낮을수록 가산금리가 추가되는 구조에서 발생하는 문제다.

삼성전자와 같은 초우량기업이 발행한 회사채의 유통금리는 매우 낮게 결정되고, 삼성전자와 비교해 신용등급이 크게 떨어지는 기업이 발행한 회사채의 금리는 상대적으로 매우 높게 결정된다. 이 때문에 소위 시장 실세금리 지표의 기준이 되는 국고채 3년물 금리가 1%대인 시점에서도 채권투자로 그 이상의 수익률을 올릴 수 있다는 논리가 성립한다.

'하이 리스크 하이 일드(High Risk, High Yield)'란 말은 투자 격언 가운데서도 기본 중의 기본이다. 즉, 높은 수익에는 반드시 높은 위험이 따른다. 채권투자로 너무 높은 수익률만 추구하다 보면 위험관리에 문제가 발생하여 원금손실 가능성이 생긴다. 그래서 적당한 선에서 수익률과 안정성을 잘 조화시켜 투자해야 한다.

보통 만기 1년 이내 채권을 단기채권이라 하며, 1년 이상 만기 채권을 장기채권이라고 한다. 단기채권과 장기채권을 구분하는 이유는, 채권은 만기 기간이 길수록 수익률이 높아지는 구조를 갖고 있긴 하지만 이에 비례해 투자위험도 높아지는 특성을 갖고 있기 때문이다. 채권은 채권 발행기관이 채권 만기가 종료되어 채권을 청산하는 시점까지 외부적 또는 내부적 재정문제로 인해 부실화될 가능성이 커지기에 이런 특성을 가지고 있다.

증권이란 용어는 주식을 포함해 기업이 발행하는 채권, 다양한 유가증권을 모두 포함하는 개념이다. 그래서 증권시장은 상장되어 있는 모든 주식, 채권, 유가증권의 유통과 거래가 이루어지는 곳이라고 정의할 수 있다.

채권을 증권시장에서 거래되는 상장주식처럼 거래하는 방식을 장내 채권거래라고 하며, 증권사가 발행시장에서 별도로 채권을 인수하는 방식을 장외 채권거래라고 한다. 채권거래에서 장내거래보다 장외거래가 활성화되어 있는 이유는, 채권은 주식과 달리 기업이 발행한 채권 간에도 만기일, 이자율이 각각 달라 이를 표준화하고 통일하는 데 어려움이 있고, 또 이를 전산화시키는 과정에서 비용과 시간도 많이 소요된다는 한계가 있기 때문이다.

장내 채권거래는 유가증권 시장에 상장되어 거래되는 채권으로 상장주식과 거래방식이 같다. 따라서 주식거래처럼 계좌를 만들고 매입수량과 거래가격을 입력하여 채권거래를 체결한다. 장내 채권

거래는 집에서 HTS를 이용해 채권에 직접 투자하면 된다.

채권거래를 장내와 장외 방식으로 구분하는 것은, 같은 기관이 발행한 채권이라 해도 채권의 만기, 이자율, 발행금액이 모두 다르기 때문이다. 이것은 채권의 장내거래 종목을 표준화시켜 주식처럼 상장시장에서 거래하는 것을 어렵게 만드는 이유가 되기도 한다. 다양한 거래조건을 가진 채권을 전산화 작업을 거쳐 거래를 쉽게 만드는 과정도 어렵고, 입찰금액이 적은 채권의 경우는 발행물량이 소화되지 않을 위험도 있기 때문이다.

그래서 상장시장에서 이루어지는 장내거래는 조건을 비교적 표준화하기 쉬운 국공채가 중심이 된다. 국공채는 여타 채권과 비교할 때 채권의 조건이 일정하고 반복적이기 때문에 상장거래 시스템에 적용시키기가 용이하다. 그렇다면 표준화시키기 어려운 채권은 어떻게 거래할까. 이때 이루어지는 게 장외거래 방식이다.

장외 채권거래 방식은 중고차 거래를 생각해보면 이해하기 쉽다. 신차는 자동차의 종류, 자동차별 사양, 그리고 이 기준에 의한 가격이 표준화되어 있어 시스템적인 거래가 가능하다. 그러나 중고차는 같은 시기에 출시된 차라 해도 차량 마모도, 연식, 자동차 사고 여부 등을 판단해 중고차 업주가 가격을 정하고, 고객에게 팔 가격을 정한다. 가격 결정 주체가 중고차 업주가 되는 것이다.

장외 채권거래의 주체는 증권사다. 증권사는 회사 사정을 고려하여 매입채권의 가격을 정한다. 따라서 우리가 장외 채권거래 방식으로 증권사가 보유한 채권을 매입하는 경우 같은 채권이라고 해도 증권사에 따라 판매조건이 각기 다르다. 장외거래 방식은 쉽게 말해 증권사가 장외거래로 매입한 채권을 고객에게 파는 물량을 우리가 매입하는 것이다. 현재 대형 증권사의 금융 몰에는 매일 매입 가능한 채권상품 리스트가 업데이트 되고 있다. 이 리스트를 보고 수익률과 투자 안정성을 고려해 투자하면 된다. 초보자도 누구나 쉽게 투자할 수 있다.

증권사를 주식을 중개 위탁하는 곳으로만 생각해서는 안 된다. 증권사는 은행권에서는 찾아보기 어려운 고수익 금융상품을 판매하는 곳이다. 이제 여러분의 금융상품 쇼핑 동선을 은행, 보험사에서 증권사로 바꿔야 할 시점이다.

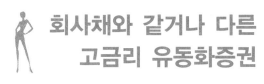

회사채와 같거나 다른 고금리 유동화증권

"1분기 자산 유동화 증권 발행액 급증

금융 감독원에 따르면 1분기 ABS 발행총액은 8조9495억원으로 전년 동기(5조4646억 원) 대비 63.8%(3조4849억원) 급증한 것으로 나타났다. 금감원 관계자는 주택저당채권(MBS) 및 단말기 할부채권이 ABS 발행시장의 주축을 형성하고 있는 반면 카드사의 해외 ABS 발행은 감소하고 있다며, 특정 유동화 자산에 대한 선점 현상을 예방하는 등 ABS 시장의 잠재 리스크 관리를 위한 모니터링을 강화할 것이라고 말했다." 〈디지털타임즈〉

이 기사를 보면 자산 유동화 증권의 발행액이 크게 증가하고 있음을 알 수 있다. 자산 유동화 증권을 뜻하는 ABS(Assert Backed

Securities)는 주택 저당권, 기업의 매출채권, 유가증권, 금융권의 대출채권을 기초자산으로 해서 특수법인을 설립한 뒤 이를 증권 화시켜 발행되는 상품을 총칭한다. 최근 경향은 선박, 금, 은 등과 같은 실물자산도 자산유동화 증권의 기초자산이 되고 있다. 자산유동화 증권의 정식 명칭은 자산 담보부 유동화 증권이나 보통 자산 유동화 증권이라 부른다.

어느 특정 은행이 보유하고 있는 주택 저당권(은행이 대출하면서 담보로 잡은 주택에 대한 권리)이 100억원 있다고 가정할 때, 은행은 저당권의 채권시효가 소멸될 때까지 이를 현금화시킬 수 없다. 따라서 은행 입장에서는 유동성의 제약을 받게 된다. 그러나 이를 증권화시켜 유동화 증권을 발행하면 채권 만기일 전에 현금화시켜 유동성을 호전시킬 수 있다. 또 MBS 발행 시 거래를 편리하게 하기 위해 1000만원을 1000장으로 나누어 유동화 증권을 발행해 유통시키면 투자자는 소액의 돈으로 고수익 상품에 투자하는 기회를 얻게 된다. 최근 은행권의 눈에 보이지 않는 자산을 가리켜 '그림자 금융'이란 용어를 흔히 쓴다. 바로 그림자 금융의 주요 고리가 되는 상품이 자산 유동화 증권이다.

자산 유동화 증권의 유통구조는 이렇다.

"자산 보유기관 ─ 유동화 전문회사 SPC 설립 ─ 자산 유동화 증권 발행(여기서 SPC는 특수목적법인을 말하며, 자산 담보부 증권의 발행을 주도하는 일종의 페이퍼 컴퍼니다.)

투자자 ─ 유동화 증권 투자 ─ 투자자 구매대금 자산 보유기관에 지급"

다음의 내용은 ABS 투자의 주요 체크 포인트 이다.

①발행자 측면

- 기업 및 금융기관의 구조조정 기능을 원활하게 하며 각종 리스크를 피할 수 있다.
- 자산운용의 포트폴리오를 개선해 자금조달을 다양화할 수 있다.
- 신용등급이 우수한 기업은 ABS 발행을 통해 낮은 비용으로 자금조달 효과를 얻을 수 있다.

②투자자 측면

- 동일한 신용등급을 가진 유가증권 상품과 비교해 높은 수익률을 올릴 수 있다.

③국내 ABS 발행 현황

ABS(자산유동화증권)는 1999년 말 처음으로 발행이 시작되었고, 그 후 만 12년이 경과한 시점에서 ABS 발행 총 누계액은 2011년 말 기준으로 400조원을 돌파했다. 2011년 말 기준 발행 잔액은 약 100조원으로 추산된다. 자산 보유자별로 보면, 한국주택금융공사가 2011년 중 16.1조원의 주택저당채권(MBS)을 발행했다.

- 2010년 중 2조원의 ABS를 발행하는 데 그친 신용카드사는 2011년 중 8.7조원의 ABS를 발행하여 전년도 대비 4배 이상

증가했다.

• 자산 유동화에 관한 법률 개정으로 자산 보유자 자격요건 등
  이 완화되어 투자 적격 BBB에서 BB 등급 이상 법인으로 발행
  회사의 범위가 넓어질 경우 ABS 발행 규모가 더욱 커질 것으
  로 예상된다.

ABCP 바로알기

• ABCP: 'Assert Backed Commercial Paper'의 약어로 자산 담보
  부 어음이라 부른다. 이 상품은 쉽게 말해서 자산 유동화 증권
  에 자유금리 기업어음이라 부르는 CP를 결합한 형태의 상품
  으로, 단기 자산 담보부 증권이라고 할 수 있다. 즉, ABS보다
  만기가 짧은 CP 형태로 발행 유동화 자산의 채권 소멸시기까
  지 기 발행된 ABCP를 상환하고 CP를 반복해서 발행할 수 있
  다.

• NPL: 'Non Performing Lone'의 약어로, 금융회사의 부실채권
  으로서 무수익 여신 또는 부실채권을 가리킨다. NPL에는 담보
  부 부실채권과 무담보부 부실채권이 있다. 담보부 부실채권은
  금융기관이 채무자에게 돈을 빌려주면서 부동산을 담보로 잡
  고 근저당권을 설정해놓은 채권을 말한다. 그 밖의 주요 자산
  유동화 증권 상품으로는 주택저당권 유동화 증권(MBS)과 후
  순위 채권이 있다.

자산 유동화증권 상품을 발행하는 주체는 기업이나 금융회사다. 기업이 발행 주체라는 점에서 채권과 같다. 다만, 채권은 발행기관의 신용상태와 재무적 역량을 평가해 발행규모와 금리가 결정되기 때문에 채권 발행에 별도의 담보가 요구되지는 않는다. 이에 비해 유동화 증권은 기업, 금융회사가 보유 중인 미확정 채권, 대출금, 저당권 등을 담보로 특수목적법인(SPC)이 인수해 증권시장에 유통시키는 구조다. 이런 과정을 통해 기업은 기업이 보유 중인 자산을 담보로 이를 유동화시킴으로써 현금을 창출한다.

자산 유동화 증권 (ABS,Assert Backed Securities)은 기업, 금융회사가 보유 중인 자산을 담보로 해서 발행된다는 점에서 '자산 담보부 증권'으로 불려왔으나, 1998년 9월 자산 유동화에 관한 법률이 제정되면서 '자산 유동화 증권'으로 바꿔 부르고 있다.

유동화 증권에는 자산 내용에 따라 후순위 채권, CBO, MBS, CLO 등이 있다. 또한 유동화 증권은 원리금 지급이 거의 확실한 선순위 채권과 그렇지 않은 후순위 채권으로 분리해 발행된다.

한편 유동화 증권은 자산 보유가 별도로 분리된 SPC(특수목적회사로 서류상 회사)를 설립해서 발행한다. SPC를 통해 발행된 투자채권을 자산 유동화 전문회사가 인수해서 이를 기초자산으로 발행하는 것이 유동화 증권이고, 이렇게 해서 발행된 유동화 증권은 증권시장을 통해 유통된다. 자산 유동화 증권은 발행회사의 채권 상환이 끝나면 청산 과정을 거쳐 해산한다.

신은 인간을 창조했고
자본은 펀드를 탄생시켰다

나는 무신론자다. 나는 정의로운 사회제도만이 인간을 구원한다고 믿는 사람이다. 그럼에도 창조론에 입각한 논리로 신은 인간을 창조했고 자본은 펀드를 창조했다고 말하는 것은 20세기 문명사에서 자본이 만든 펀드상품 이야말로 그들이 신의 은총을 받는 상품이라는 생각이 들어서다.

금융회사에게 펀드는 신이 아니면 인간이 만들 수 없는 상품이라고 할 정도로 금융자본에게는 시간을 초월해 영생의 기쁨을 안겨주는 상품이기 때문이다. 펀드의 수익률과 무관하게 수수료는 꼬박꼬박 받는, 그럼에도 손실에 대한 위험은 전혀 지지 않는 과연 이런 상품이 있다는 것이 상상이나 할 수 있을 까. 그러나 매우 탐욕적인 자본은 이 꿈의 비즈니스를 현실화 했다. 그 능력이 놀라울 뿐이다.

엄마가 집에서 직접 만들어주시는 음식이 몸에 좋다는 것을 모르는 사람은 없다. 그러나 아이에게 집에서 직접 과자를 만들어주는 것은 쉬운 일이 아니다. 시간도 많이 걸린다. 밀가루를 반죽하고 오븐에 굽는 시간을 감안하면 돈도 돈이지만 시간이 너무 많이 걸린다.

요즘 아이들의 아토피 발병률이 높아지는 이유가 인공첨가물 범벅인 시중에서 파는 과자를 일상적으로 입에 달고 살기 때문이라는 연구 보고도 있다. 아이들이 먹는 과자만이라도 직접 만들어 먹이고 싶은 마음이 엄마들이라고 왜 없겠는가. 그런데 그게 생각만큼 쉬운 일이 아니다. 우리 아이만은 별 탈 없겠지 하고 믿어보는 수밖에 없다.

금융상품 투자도 마찬가지다. 본인이 증권시장에서 직접 투자하면 구색도 다양하고, 고수익 상품에 투자할 기회가 많다. 그리고 무엇보다 간접투자에 따르는 수수료를 내지 않아도 된다. 그럼에도 우리는 직접투자 대신 간접투자를 선호한다. 왜 그럴까. 단순히 편리하다는 이유로. 아니면 유능한 자산운용 전문가가 포진한 자산운용사를 통한 간접투자가 더 많은 돈을 벌어주기 때문에. 하지만 이런 생각으로 간접투자를 선호하는 것이라면 정말 어리석은 일이다. 이것은 간접투자 상품을 팔아야 호구지책이 되는 자산운용사, 위탁판매회사가 행하는 대중조작에 동조하는 일이다.

또한 이것은 전혀 객관적이지도 않다. 간접투자가 주식이나 채권에 직접 투자하는 것 이상의 수익률을 낸다는 객관적인 자료는 없다. 매년 나오는 펀드 상품의 수익률은 오히려 시장 평균수익률보다 낮다. 그럼에도 간접투자 논리가 먹히는 것은 우리가 그들의 논리에 세뇌당하고 있음을 반증한다.

채권형 펀드는 운용자산 대부분을 채권에 투자해 그 운용수익률을 고객에게 돌려주는 펀드다. 채권은 만기까지 보유하면 만기수익률이 확정되며, 중간에 금리변동을 이용해 매매를 하면 매매차익을 얻는 것도 가능하다. 그런데 채권을 간접투자하면 자칫 원금이 훼손될 수도 있다. 투자위험이 증가하게 된다는 것이다. 그 이유는 펀드에 편입된 채권의 시세가 증권시장의 가격변동에 따라 매일 바뀌는 채권 시가 평가제가 적용되기 때문이다.

수수료까지 주면서 간접투자를 해야 할 경제적 이유가 없다. 증권사 금융 몰에서 채권 리스트를 보고 투자금액과 만기일을 고려해 직접 투자하면 된다. 우선 채권투자만이라도 간접투자를 하지 말자. 투자 상품을 창과 방패로 표현하면 주식은 창에 해당되고 채권은 방패에 해당된다. 채권투자로 자산운용의 안정성을 확보하고 이를 토대로 하여 위험 가중치가 높은 주식 관련 상품에 대한 투자를 늘려나가면, 주식투자로 발생하는 위험은 낮추고 안정적인 수익률을 기대할 수 있다.

채권은 세상에 존재하는 금융상품 중에서 가장 과학적으로 설계된 상품이다. 금리의 결정 또한 합리적이다. 물론 이는 전적으로 내 생각이다.

모든 고금리 상품의
탄생지 기업

투자로 성공하기 위한 가장 좋은 방법은 뭘까. 이에 대한 의견은 제각각 다를 것이다. 하지만 조금만 생각해보면 답은 명확해진다. 투자로 성공하기 위한 가장 좋은 방법은 기업을 공부하는 것이다. 이것이 성공의 지름길이다. 그러니 투자로 성공하고 싶다면 지금부터라도 기업을 공부하기 바란다.

너무 막연하게 들릴지 모르겠지만 이 말에는 과학적 근거가 충분하다. 우리가 투자하는 거의 모든 투자 상품이 기업으로부터 나오기 때문이다. 우리가 증권시장에서 투자하는 주식, 채권, 자산 유동화 증권, CP의 발행주체가 누구인가. 바로 기업이다. 기업을 공부하면 투자의 답이 나온다. 엄한 데 시간 뺏기지 말고 기업을 공부하라.

기업은 자금을 조달하기 위해 다양한 형태의 유가증권을 발행한다. 우리는 직접 유통시장인 증권시장을 통해서 여기에 투자한다. 또 금융회사가 판매하는 다양한 간접투자 상품인 신탁, 수익증권, 펀드도 다 기업이 발행하는 유가증권으로 자산을 운용하는 것이다. 이러니 우리가 금융상품에 투자하는 것은 바로 기업에 투자하는 것과 똑같은 게 아니고 무엇이겠는가.

세상에 절대적으로 좋은 투자 상품이란 없다. 또 절대적으로 나쁜 상품도 없다. 투자 상품은 상대적인 것이며, 시장의 변동성에 따라 달라진다. 그러나 세상에 존재하는 거의 모든 고수익 금융상품은 기업으로부터 나온다.

세상을 살다 보면 기회는 반드시 한번쯤은 찾아온다. 그러나 준비가 안 된 사람은 기회가 와도 그것을 무참히 날려버리는 일이 다반사다. 투자도 마찬가지다. 돈이 있어도 주체적으로 투자할 준비가 되어 있지 않으면 힘들게 돈을 모았어도 그 돈을 허망하게 까먹을 수 있다. 나는 사회생활 초기부터 적어도 특정 업종에 대해 애널리스트 정도의 실력을 쌓으라고 권하고 싶다. 특정 분야에 관심을 가지고 자료를 찾다 보면 그 과정에서 누구나 노력만으로도 전문가 수준의 지식을 갖출 수 있다고 생각한다.

우리가 일상에서 소비하는 제품들 중에서 시장에서 가장 잘 나가는 것이 무엇인가. 스마트폰은 삼성의 갤럭시 시리즈, 자동차는 현대와 기아, 수퍼마켓 진열대에서 가장 많은 제품군을 차지하고 있는 것은 오뚜기, CJ제일제당, 롯데칠성 등의 제품이다. 우리는 이들 회사의 상품만을 소비하는 것이 아니다. 역으로 이들 기업이 발행하는 주식, 채권, 채권 관련 상품에 투자한다. 따라서 이들 기업은 우리 지갑을 터는 존재이기도 하지만 우리 지갑을 채워주는 존재이기도 하다.

이제 기업은 일반적 상품과 서비스를 제공하는 곳이라는 생각에서 벗어나기 바란다. 좋은 기업이 발행하는 다양한 유가증권은 우리의 가처분소득을 늘려주는 효자 역할을 할 수 있다. 그래서 투자에서도 기업을 공부하는 것 이상의 좋은 투자 방법은 없다. 또 이것이 투자의 정석이기도 하다.

기업의 신용을
평가하는 재무제표

기업의 경영현황을 어떻게 알 수 있는가. 특정 엔터테인먼트 회사가 제작한 미니시리즈 시청률이 20%를 넘는 고공행진을 한다고 해서 그 기업의 경영현황이 우수한 것인가. 아니다. 언론에서 각광받는 것과는 달리 그렇게 각광받는 그 순간에도 기업의 경영현황은 최악으로 치닫는 경우가 많았다. 어떤 기업의 경영현황은 일시적으로가 아니라 꾸준히 그 기업의 경영성과를 관찰하고 이해관계자들의 투자 만족도를 객관적으로 평가한 후에 말해야 한다.

이것을 객관적으로 측정하고 평가할 수 있는 자료가 있으니, 재무제표가 바로 그것이다. 기업의 재무제표는 학생이 시험을 치르고 그 결과를 평가 받는 성적표와 같은 것이다. 다만 그 기간은 한 번에 끝나지 않는다. 1년간의 경영활동을 수치로 기록해 평가한다.

학생들은 시험성적으로 자신이 원하는 대학에 진학할 수 있는 근거를 만든다. 대학도 이 자료를 학생을 선발하는 주요한 데이터로 활용한다.

기업도 마찬가지다. 기업의 경영성과를 기록한 재무제표를 기초로 해서 기업을 주식시장에 상장시킬 수도 있고, 결과가 나쁜 경우는 퇴출되기도 한다. 퇴출을 모면했다고 해도 기업의 재무제표가 나빠져 기업 리스크가 높아졌다고 판단되면 신용평가기관에 의해 해당 기업의 신용등급은 낮춰진다. 이에 따라 이 기업의 채권, CP의 발행금리가 높아지고 투자 위험은 커진다.

결국 기업의 자본시장 내에서의 생사여탈권을 재무제표가 쥐고 있다고 해도 과언이 아니다. 그렇기 때문에 재무제표는 엄격한 기준에 따라 작성되며, 이를 토대로 투자자는 기업의 가치를 평가해 투자를 할지 말지를 결정한다.

기업의 주가는 기업의 경영성적표라고 할 수 있는 재무제표의 결과에 큰 영향을 받는다. 기업이 발행하는 고수익 확정금리 상품인 회사채, CP 등의 발행금리도 재무제표 평가 결과에 따라 결정되는 것이 일반적이다. 따라서 기업 공부의 첫 번째 미션은 기업의 재무제표를 분석하고 평가하는 공부다. 이처럼 재무제표는 기업이 자금을 조달하는 데 매우 중요한 기준이 되기 때문에 일부 기업은 이를 조작하기도 한다. 아래 기사를 보자.

"기업들 재무제표 손익 부풀리기 여전"
기업들이 재무제표를 작성하면서 손익을 부풀리는 사례가 지난해에도 여전했던 것으로 나타났다. 이중 단기손익, 잉여금, 자기자본 등에 영향을 미치는 사항이 61건으로 가장 많은 것으로 조사됐다. 최근 3년간 유형별 위반 건수에서도 손익 사항이 236건(64.7%)으로 압도적으로 많았다. 이중 대손충당금 과소계상(50건), 유가증권 과세계상(45건), 매출액·매출채권 과대계상(27건)이 가장 빈번하게 적발됐다. 그밖에 지급보증 담보제공 및 특수 관계자 거래 등 주석사항을 미기재한 사례도 빈번하게 적발된 것으로 나타났다. 시장별로는 코스닥 상장법인의 위반회사 수 및 위반비율이 유가증권 상장법인보다 높은 것으로 집계됐다.

금감원 관계자는 "상장 폐지 모면을 꾀하기 위해 가장납입 및 횡령·배임 은폐 등을 위한 분식회계 사례도 다수 적발되고 있고 또 그 기법이 갈수록 교묘해지고 있다"며 "회계분식 적발 빈도가 높은 계정과목에 대한 감리는 강화하는 한편 분식회계 또는 부실감사가 발견될 경우 엄정하게 조치할 예정"이라고 말했다. 〈뉴스 토마토〉

재무제표는 회사와 이해관계가 얽혀 있는 사람들에게 회사의 재무 상태를 알려주는 서류를 말한다. 오늘날의 기업은 매우 복잡한 이해관계로 얽혀 있다. 해당 기업의 주식에 투자하고 있는 투자자, 기업에 자금을 대출해준 금융회사, 기업에 대해 세금을 징수하는 세무당국 등등이 그런 이해당사들이다. 이들에게 기업 재무 상태를 알려주는 객관적이고 공신력이 담보되는 보고서가 바로 재무제표다.

현재 우리나라에는 등기부등본에 법인기업으로 분류되는 회사만 약 20만 개나 있다. 이렇게 많은 회사들의 재무 상태를 기록하고 평가하는 데 공통의 양식이나 작성방법이 없다면 엄청난 혼란이 일어날 것이다. 그래서 이런 혼란을 사전에 방지하고 재무 상태 기록을 통일하도록 강제하는 것이 기업 회계기준이고, 재무제표는 이에 기초하여 작성된다. 이처럼 기업은 회사의 재무 상태를 기업 회계기준에 따라 통일된 양식으로 작성하고, 회사와 이해관계가 얽혀 있는 이해관계자들 등 외부에 공개한다.

재무제표를 작성하고 해석하는 가장 일반적인 기준은 '기업 회계기준'이다. 이 기준에 따라 대차대조표, 손익계산서, 이익잉여금 처분계산서, 현금 흐름표 그리고 주식 및 부속명세서 등을 포함해 재무제표라고 규정한다.

재무제표는 경영활동을 요약한 회계보고서를 종합한 것을 말한다. 재무제표는 모든 회계처리 과정을 통해 만들어지는 최종 산물이다. 또 재무제표상의 회계정보는 이를 필요로 하는 회계정보 이용자들에게 전달하여 기업에 관한 의사결정을 할 때 판단의 근거가 될 수 있도록 객관적 자료를 토대로 하여 작성되어야 한다.

기업 재무제표에서 우선적으로 봐야 할 것은 매출액, 영업이익률, 매출채권 비율, 부채비율, 현금 흐름 등이다. 이 데이터들은 증권사나 금융감독원, 증권거래소 등에서 전년도 재무제표를 구해 볼수 있고, 금융감독원 전자공시실에서 인터넷으로 열람할 수도 있다.

재무제표에서 아주 중요한 대차대조표는 개인의 재산 목록 표와 같은 것이다. 대차대조표는 기업의 자산과 부채를 총괄적으로 설명하는 재무제표로, 쉽게 생각하면 개인의 재산 목록 표와 같은 역할을 한다고 보면 된다.

대차대조표에서는 매출액 대비 매출채권 비율, 재고자산 비율, 부채 비율 항목을 주의 깊게 봐야 한다. 예를 들어 해당 기업의 전년도 매출액 대비 매출채권 비율이 130%였던 기업이 올해 결산기에 110%로 낮아졌다면, 이것은 지난해에 비해 매출채권의 현금화 비율이 상승한 것으로 기업의 현금 흐름이 대폭 개선됐다는 뜻이다. 이와 관련해 재고자산이 급증한 기업은 우선 분식결산(회계조작) 가능성을 의심해봐야 한다. 예전 사례를 보면 기업이 기말 재고자산을 부풀려 이익을 과대계상하는 경우가 많았다. 부채 비율은 업종별 특성을 감안하여 그 평균치를 탄력적으로 적용해야 한다. 부채 비율은 업종 평균치보다 낮을수록 좋다.

다음으로, 손익계산서도 재무제표에서 중요하다. 손익계산서는 한마디로 판매비용 대비 이익을 분석한 것이다. 즉, 손익계산서는 기업이 1년 동안 물건을 얼마나 팔았는지, 그리고 물건 판매에 들어간 모든 비용을 제하고 얼마나 남는 사업을 했는지를 알아보는 재무제표다.

손익계산서에서는 매출액 증가율, 영업이익, 매출액 대비 영업이익 증가율을 중점적으로 살펴봐야 한다. 매출액 증가세가 지난 몇 년간 꾸준히 유지되고 있는지, 아니면 매년 그 변동 폭이 둘쭉날쭉한지를 주의 깊게 봐야 한다. 기업의 수익성은 영업이익을 기준으로 한다. 순이익이 대폭 감소해도 영업이익의 상승세가 유지되면 주가에는 부정적 요소보다는 긍정의 요소가 더 많다. 매출액 대비 영업이익률 증가율도 중요하다. 영업이익 증가율이 매출 증가율보다 높다면 지난 1년간 수익성이 개선된 것으로 평가받는다.

그런데 금융업은 제조업과 다르게 평가해야 한다. 금융회사의 영업수익은 제조업체의 매출액에 해당한다. 또 은행은 부실채권에 대한 대손충당금을 적립해야 하기 때문에 순이익 규모에 주목해 평가해야 한다.

대차대조표, 손익계산서와 함께 기업의 재무역량을 파악하는 데 중요한 것이 현금 흐름표다. 현금 흐름 표는 기업이 보유하고 있는 현금 보유 현황과 상태를 알려준다. 수익이 많은 기업일지라도 현금 창출 능력이 미약하다면 부도가 날 수도 있다.

현금 흐름표에서 가장 중요한 포인트는 영업활동을 통해 유입된 현금으로, 투자자금과 재무활동에 소요되는 자금을 충당할 수 있는지 여부다. 만약 영업활동을 통한 현금 창출 능력이 미흡한 기업이 단기 차입금으로 투자자금을 조달한다면 심각한 자금경색을 겪을 가능성이 높다고 할 수 있다.

이익잉여금 처분계산서는 이익잉여금을 어떻게 처분했고 주주들에게 얼마나 배당했는지를 보여주는 항목이다. 기업이 잉여금 범위 내에서 주주에게 배당을 하기 때문에 배당 여력을 나타내는 지표이기도 하다.

주식투자를 하려면 기업의 경영현황을 파악할 수 있는 재무제표를 기본적으로 봐야 한다. 주석사항도 그중 하나다. 주석사항에는 기업의 지급보증 현황, 특수 관계인과의 거래, 진행 중인 소송 내역 등 기업의 세부 활동내용이 기록되어 있다.

연결재무제표란 무엇인가

연결재무제표는 모회사와 자회사를 하나의 회사로 보고 작성하는 재무제표다. 즉, 모회사와 자회사를 하나의 회사로 취급하여 연결 대상 회사의 자산, 부채, 매출액, 순이익 등 모든 회계항목을 합산하여 재무제표를 작성하게 된다. 이때 내부거래로 중복된 부분은 제외한다. 예를 들어 자회사가 모회사에 상품을 팔았다면 여기서 발생한 매출은 연결재무제표의 매출액에 포함되지 않는다. 두 회사를 하나의 실체로 간주하기 때문에 내부거래로 상품 이동만 있었을 뿐 실제 매출이 일어났다고 보지 않는 것이다.

연결재무제표를 작성할 때 모든 계열사를 포함시키진 않는다. 지분율이 20~50% 사이이면서 종속회사에 해당하지 않는 계열사는 '관계회사'로 분류해 실적은 지분율만큼 합산해 반영한다.

연결재무제표를 작성하면 기업실적의 왜곡을 줄이는 데 도움이 된다. 지배회사가 실적이 나쁠 경우 계열사에 손실을 미루거나, 아니면 계열사의 이익을 늘려주기 위해 지배회사가 부당하게 지원하는 일이 발생할 수 있기 때문이다.

재무제표 관련 용어

①당좌자산

기업의 현금동원 능력을 말해주는 자산 항목이다. 현금이나 시간의 경과에 따라 현금화되는 자산으로, 환금성이 가장 높은 자산을 말한다. 당좌자산에는 현금, 예금, 유가증권, 외상 매출금, 받을 어음, 단기 대여금, 미수금, 미수수익이 포함된다.

②유동부채

대차대조표 상에서 1년 이내에 상환해야 하는 단기성 부채다. 여기에는 외상 매입금, 지급어음, 당좌차월, 미지급금, 선수금, 예수금, 미지급 비용, 미지급 법인세, 유동성 장기부채, 선수수익, 부채성 충당금이 포함된다.

③유동자산

유동자산은 현금화가 단기간에 이뤄지는 당좌자산과 복잡한 제조과정이나 판매과정을 거쳐야만 현금화가 가능한 자산으로 구분된다.

④재고자산

재고자산에는 영업과정에 있는 상품이나 용역 서비스, 생산과정에 있는 자산, 생산을 위해 직접·간접으로 소비되는 자산(원재료, 소모품)이 포함된다.

참고로, '당좌' 란 '임금이 앉은 자리' 라는 뜻의 한자어로, '즉시' 혹은 '즉석' 이란 뜻이다. '유동성' 이란 자산을 현금으로 전환할 수 있는 정도를 나타내는 경제용어다.

결론을 얘기하면 이렇다. 재무제표는 인체의 건강지수와 같다. 인체의 건강지수는 특정 항목만 측정하고서 건강한지 어떤지를 평

가하지 않는다. 기업의 경영현황과 수준을 나타내는 재무제표도 각
종 재무항목을 종합적으로 합산해 평가한다. 기업을 왜 공부해야
하는가에 대해서는 이미 말했다. 기업 공부의 기초 토대가 재무제
표다.

채권과 주식의 콜라보
주식연계채권

"주식연계채권에 돈 몰린다"

기관 투자가들 "러브콜"

삼익악기 BW 20% 할증, 톱텍 CB 60% 비싸게 발행

|표| 주식 연계 채권 할증 발행 현황

기업	형태	표면금리	만기 금리	행사가	할증률
삼익악기	BW	0	4.5	1,500	20
	CB	0	5	1,500	20
인터지스	CB	0	1	9,780	25
	EW	0	1	9,780	25
셀트리온	CB	2.75	0	70,750	25
삼진엘엔디	EB	1	5	2,961	19
톱텍	CB	1	7	2,961	67
롯데쇼핑	EB	0	0	90,780	27.5

(단위: %, 원)

한국경제신문이 2013년 1분기 중 발행했거나 발행할 교환사채(EB), 전환사채(CB), 신주인수권부사채(BW) 등 메자닌 74건을 분석한 결과 이 중 8건의 행사가가 시가보다 높은 '할증 발행'인 것으로 나타났다. 지난해 할증 발행이 2건이었던 것에 비하면 사례가 많아진 것이다. EB는 기업이 보유하고 있는 주식을 교환할 수 있는 권리가 붙어 있는 채권이며, CB와 BW는 신주로 전환하거나 신주를 인수할 수 있는 채권이다." 〈한국경제신문〉

　주식과 채권은 기업이 증권시장에서 자신들이 필요로 하는 운전자금을 직접 조달하기 위해 발행한다. 그러나 이 두 가지 상품은 투자유형에서 상극 관계에 있다고 말할 수 있다. 주식은 발행한 기업의 주가 변동에 따라 주가차익과 배당소득을 얻을 수 있는 반면, 채권은 정기예금과 같이 확정금리를 투자수익으로 지급한다. 주식은 높은 투자수익과 이에 따르는 높은 위험을 수반한다. 반면, 채권은 채권 보유 기간 중 발행 기업이 파산하거나 부도가 나지 않으면 이미 정해진 이자를 만기까지 안정적으로 지급받는 장점이 있다.
　주식과 채권의 이런 장점을 동시에 취하는 투자 상품이 바로 주식 연계 채권이다. 주식 연계 채권은 채권처럼 확정이자를 보장받으면서 옵션권을 이용해 주가차익도 취할 수 있다. 주식 연계 채권은 사전에 정해놓은 가격으로 주식을 받을 수 있는 콜 옵션을 제공하는 회사채를 기업이 자금 조달을 위해 발행하는 채권이다. 따라서 발행기업의 주가가 오르면 사전에 정한 가격으로 주식을 인수해 자본이득을 얻거나, 주가 상승의 이점이 없을 경우는 옵션을 행사하지 않고 채권의 발행금리를 만기까지 안정적으로 지급받을 수 있다. 옵션권이 부여된 주식 연계 채권은 일반적으로 낮은 표면금리로 발행된다.

CB는 주식으로 전환할 때 채권 발행회사의 자기주식으로만 교환이 가능하다. EW 주식으로 바꿀 경우 새로 주식을 발행할 필요 없이 타 회사의 보유주식을 바로 교환할 수 있어서 콜 옵션 행사 이후 현금화할 때 주가 변동 위험이 적다. 분리형 BW는 신주인수권을 행사해도 채권 권리가 소멸하지 않고 유지된다.

주식 연계 채권 투자 포인트

첫째, 금감 원 전자공시나 경제신문의 공시란을 꼼꼼히 체크하고 투자한다. 주식형 채권의 공모 일정은 공정 공시사항으로 공모 2주일 이전에 정보가 새나가는 경우 공시 위반으로, 반드시 공시란을 통해서만 투자정보를 확인해야 한다.

둘째, 반드시 투자회사의 신용등급을 체크한 후에 투자한다. 주식 연계 채권은 기업이 발행하는 회사채다. 따라서 발행기업이 부도가 나면 투자원금을 날릴 수 있다. 재무상태가 좋지 않아 정상적으로 증권시장에서 자금을 조달하기 어려운 기업 중에는 주식 연계 채권을 이용해 자금을 조달하는 편법을 쓰는 경우가 있다. 실제 재무상태가 안 좋은 코스닥 기업은 은행대출이 어렵고 유상증자가 법으로 금지될 경우 편법으로 주식 연계 채권을 발행한다. 주식 연계 채권 발행기업의 신용등급은 최소한 투자 적격 최소 등급인 BBB-이상은 되어야 한다.

셋째, 주식 연계 채권은 금리보다 옵션 권을 행사해 자본이득을 얻는 것이다. 따라서 옵션권을 행사하고 소멸하는 전환 청구기간을 사전에 반드시 알아두어야 한다.

이 책에서 소개하는 투자 상품은 초보자에게는 낯선 상품이다. 지금까지 알아왔던 금융상품은 대개가 은행권, 보험사 금융상품으로 프레임이 한정되어 있었기 때문이다. 이 문제는 알고 모르고의 차이가 아니다. 지금과 같은 저금리 아래에서는 은행권 상품의 실질금리는 제로다. 그러나 이들 상품은 위험만 잘 관리해 투자하면 은행권 상품과 비교해 높은 수익률을 얻을 수가 있다. 여기에 소개하는 주식 연계 채권도 그 중 하나다.

현재의 경제구조는 대주주, 투자자, 금융권 등의 복잡한 이해관계가 얽혀 있어 특정 경제사안을 단순하게 받아들여서는 안 된다. 기업은 일반사채를 발행하면 되는데도 왜 투자자에게 투자 장점이 큰 주식 연계 채권을 발행하는 걸까. 이 문제 역시 단순하게 보면 주식 연계 채권의 옵션권이 투자자에게 유리한 것처럼 보이지만, 기업과 기업의 대주주 역시 주식 연계 채권의 발행으로 얻는 이점이 상당하다.

이를테면 이런 식이다. 대기업이 신생 계열사를 만들면서 대주주에게 일정 기간이 지난 뒤 주식으로 전환할 수 있는 전환사채를 액면가로 발행하고, 이를 대주주 일가에게 몰아준다. 대기업은 신생 계열사에 기업 관련 매출을 몰아주어 기업 가치를 충분히 높인 후 유가증권 시장에 상장시킨다. 상장 후 기업의 주가는 급등해 액면가 대비 50배 이상 오른다. 그러면 기업의 대주주는 정해진 수순에 따라 옵션권을 행사하고, 이로써 이 기업의 대주주는 막대한 자본이득을 얻게 된다. 대기업의 2, 3세 상속자는 이런 식의 옵션권 행사로 얻은 막대한 자본이득으로 모기업의 지분을 늘려 상속세를 최대한 회피하면서 합법적으로 모기업의 지배권을 확대한다.

이와 관련하여 연상되는 기업이 있는가. 삼성, 현대자동차 등의 경영 승계가 바로 이 방법으로 이루어졌다는 것을 모르는 사람은 없을 것이다.

이처럼 자본의 대물림으로 주식 연계 채권이 활용되기도 하고, 또 기업의 자금 흐름에 문제가 생겼을 때 투자자의 돈을 끌어들이기 위해 옵션권을 부여한 채권을 발행하기도 한다. 이 경우 주식 연계 채권은 기업이 발행의 모든 위험을 책임지는 회사채의 변종이라는 사실을 잊지 말고 투자 위험을 간과해서는 안 된다. 만약 옵션권을 행사하기도 전에 기업이 파산하면 주식 연계 채권은 바로 휴짓조각이 될 수도 있다.

투자의 세계에서 위험과 기회는 동시에 찾아온다.

주식 연계 채권을 메자닌이라 부르는 이유

메자닌(Mezzanine)이란 말은 이탈리아어로 건물 1층과 2층 사이에 있는 라운지 등의 공간을 의미한다. 이 말이 금융용어로 쓰이기 시작하면서 메자닌 금융은 주식과 채권의 중간지대에 위치하면서 그 둘의 장점을 결합한 상품, 다시 말해 채권으로 발행되지만 채권에 주식으로 전환하거나 기업이 보유한 주식으로 교환할 수 있는 옵션이 부여된 채권, 곧 주식 연계 채권을 일반적으로 부르는 용어로 쓰인다.

소액으로 투자해
이자 10배 받는 월세 상품

고시원에는 고시생이 안 산다. 고시원은 이름만 고시원이지 오래전부터 직장인 학생 등 1인가구의 주거공간이 되어왔다. 전국적으로 고시원 숫자가 2만개가 넘고 지금도 계속 늘고 있어 그 숫자조차 파악이 힘들다. 서울 지하철 2호선 주요역세권인 강남, 역삼, 논현, 사당, 낙성대, 서울대 입구, 신림, 신대방동, 당산, 합정, 홍대입구, 신촌, 건대 역 주변은 고시원 이 외에도 독신가구를 대상으로 하는 원룸주택으로 홍수를 이루고 있다. 서울의 집값이 아무리 높다 해도 이렇게 까지 독신자를 위한 원룸 주택이 급속히 늘어난 것은 그 만큼 독신자가 급증하는 사회적 현상에 기인한다. 앞으로 독신자는 더 늘어난다고 하니 서울은 이제 독신자를 대상으로 하는 원룸주택 공화국이라 불러도 될 정도다.

실거주 공간이 2-3평도 안 되는 고시원이 그 위치에 따라 다르기는 하지만 강남 홍대 서울대 등의 주요 역세권 주변의 고시원 월세가 최소 40만 원이 넘는다. 특히 땅값이 비싼 강남일대고시원은 50만 원에서 70만 원의 넘는 곳이 많다. 고시원이 이정도니 다가구 원룸 주거용 오피스텔의 임대조건은 어떻겠는가. 비싸면 비싸지 싸지는 않다.

다가구 원룸주택의 경우는 고시원 보다 주거면적은 넓지만 실평수 3-5평이 보증금500만 원에서 2000원 이상 월세는 평균적으로 50만원에서 70만원이 넘는다.

이렇게 독신자를 대상으로 하는 원룸주택은 그동안 공급이 크게 늘었지만 수익률의 기초가 되는 임대회전율은 100%에 가깝고 수익률은 은행 예금 이자의 10배가 넘는 곳도 많다.

원룸주택은 미국식으로 말하면 스튜디오 주택의 형태라고 하겠다. 스튜디오 주택은 독신가구의 보편적 주거형태로 한 공간에 부엌과 화장실 침실이 한 곳에 모여 있는 주거공간을 말한다. 우리나라에서 스튜디오 형태의 주택에는 다가구원룸 주거용 오피스텔 도시형 생활주택 다세대 고시원 세어 하우스 등이 있다.

금리가 낮아지면서 사람들이 하는 말이 돈도 없지만 돈이 있어도 투자 할 곳이 마땅치 않다는 것이다. 그렇다. 현재의 금리수준으로 예금으로 목돈을 굴려 이자를 받는 다고해도 교통비 수준의 돈을 받을 뿐이다. 사정이 이럴 진 데 예금만 고집한다는 것은 이해되지 않는다.

앞부분에서 귀가 따갑도록 말을 했지만 금융상품은 투자의 안정성 수익성 환금성에서 비교우위에 있으면 이것이 가장 좋은 상품이다. 은행의 정기예금과 비교해서 투자의 안정성이 같고 그러나 수익성 그 10배가 되는 월세상품을 이 상품이 단지 부동산 상품으로 분류된다고 해서 투자를 망설이다가는 얼음 녹듯 흔적도 없이 돈은 사라진다.

2000년대 중반 이후 부동산 시장에서는 생각지도 못하는 현상이 계속 벌어져왔다. 아직까지도 이를 눈치 채지 못하고 있다면 아둔하거나 투자에 대한 감이 전혀 없는 것이다.

부동산버블이 꺼져 이제 부동산은 완전히 맛이 갔다고 하는 순간에도 소형아파트 다가구 다세대 주거용 오피스텔의 가격은 꾸준히 상승하고 있다. 이것을 두고 대도시 구도심 전체에서 추진되었던 뉴 타운 재개발 사업으로 말미암아 멸실 주택이 늘고 전세파동으로 인한 반사효과라고 보는 것은 너무 단순한 생각이다. 이 현상의 저변에는 독신가구의 급증이라는 사회현상이 자리하고 있다.

이 시장이 소액투자자에게 더 유리하다고 하는 이유는 원룸주택이라는 것의 특성상 가격이 낮은 저가의 소형물건이 투자금은 적어도 수익은 높기 때문이다. 주거용 오피스텔의 지역별 평균 수익률을 보면 가격이 비싼 서울핵심지역의 강남 세종로 일대의 오피스텔보다 수도권 변두리저가의 소형 오피스텔 단지가 몰려있는 시흥 시 안산 시 중동신도시 수원 시 인계동 등에 있는 저가 매물의 임대 수익률이 훨씬 높다.

투자 금이 많으면 월세를 높게 받아야하지만 임차인의 대부분을 차지하는 청년 직장인 학생들의 소득은 평균적으로 낮다. 그래서 월세가 40만원 넘어가면 수요층이 적어진다. 월세가 40만 원 이라 해도 여기에 관리비 전기세 등을 포함시키면 실제부담 해야 하는 돈은 50만 원이 넘는다. 전기를 많이 쓰는 겨울이나 여름에는 더 올라간다.

임차인의 소득을 고려한다면 저가의 소형 원룸이 임차인을 구하기도 쉽고 투자금 대비 수익률도 높다. 이러한 이 시장의 특징이 지역 별 평균수익률에 반영된 것이라도 볼 수 있다.

금리가 매우 낮다. 어렵게 번 돈 은행 좋은 일만 시키지 말고 소액을 투자해 월세를 받는 임대주택 투자를 적극적으로 모색해보기 바란다.

이자 굴려서
더 많은 돈을 버는 법

수익성 부동산에 투자해서 매월 월세를 받는 사람은 부러움의
대상이다. 그런데 그 월세를 이용해 더 많은 돈을 번다면.

부의 완성이라는 관점에서 보자면 그동안 모은 목돈을 가지고
투자해 매월 받게 되는 이자, 월세를 재투자해 수익이 계속 확장되
는 시스템을 가지면 된다. 도덕성 여부를 떠나 우리는 빚없이 임대
건물을 사서 여기서 발생하는 월세로 생활비를 충족하고 남은 돈으
로 투자를 해 계속 돈을 늘려나가는 생활을 꿈꾼다. 지금은 아니라
도 미래에는 가능할 수 있는 일이니 꿈이라도 크게 갖자. 남에게 피
해를 주는 일도 아니다.

매월 꾸준히 들어오는 이자나 월세를 어떻게 운용하면 수익을
더 늘릴 수 있을 까. 이 미션을 수행하는 방법 중에서 가장 소극적

인 방법이 적금상품을 이용하는 것이다. 적금상품 중에서 상대적으로 그나마 금리가 높은 것이 저축은행의 자유적립식 예금이다. 이 상품에 투자해도 현재처럼 저금리 시대에는 만기에 받은 이자가 별 볼일 없다. 그렇다면 다른 방법은 없을 까.

내 개인에게 묻는 다면 나는 매월 받는 월세나 이자를 가지고 주식에 투자 할 것이다.

펀드 중에서 한때 각광받았던 것이 적립식펀드다. 적립식펀드는 주식편입비중이 매우 높은 성정 형 펀드로 투자위험이 크다. 그리고 무엇보다 수수료가 3% 정도로 일반 주식형 펀드보다 높다. 펀드 사가 내세우는 적립식펀드의 장점으로 적립식펀드는 매월 꾸준히 적금하듯이 주식에 투자하기 때문에 장기간 투자하는 경우 주식매입 단가를 낮추는 효과가 발생해 상대적으로 위험은 줄이고 수익을 안정적으로 운용할 수 있다고 말한다.

펀드 사는 운용자산의 규모가 크기 때문에 매매를 용이 하기 위해서는 거래물량이 많은 시가총액 상위종목에 집중한다. 그들이 주로 편입하는 종목들은 누구나 알려고만 하면 대충 다 알 수 있다. 그렇다면 그들이 편입하는 종목들을 따라서 투자하면 된다. 이 방법이 최선이라고 말 하는 것이 아니다. 이렇게 하면 적립식 펀드에 투자함으로써 발생하는 수수료를 내지 않아도 되고 손절 매에 대한 우선권을 내가 갖고 있기 때문에 적립식펀드에 간접 투자 하는 것보다 선제적 대응을 할 수 있다.

내 주변의 주식 전문가들이 이구동성으로 나에게 하는 말이 있다. 주식은 장기적 관점에서 자신의 여유자금 내에서 투자해야 성공의 가능성을 높일 수가 있다고.

그들의 경험에서 나온 말이니 나는 그들의 말은 믿는다. 내개인적으로도 주식은 시간을 지배하는 사람이 성공하는 게임이라고 생각하고 있다. 주식투자는 어떻게 투자하는 가에 따라 위험을 낮출 수가 있다. 주가의 하방경직성이 강한 식음료 등 내수시장 우량종목에 매월 월세나 이자로 꾸준히 사 모으는 투자를 하면 실제 시장 평균수익률을 상회한다. 그렇다고 꼭 이 방법이 맞다 는 것은 아니다.

경제라는 것은 끊임없이 변하는 유기체다. 현재 세계적으로 통화량을 늘려 불황을 탈피하려는 양적완화 정책이 대세다. 이 과정에서 저금리 현상은 필연적으로 나타나게 된다. 그러나 양적완화에 대한 정책 효과에 대해 비판의 목소리가 커지고 있고 양적완화정책 무용론이 꽤 힘을 받고 있는 추세다.

따라서 현재의 저금리 흐름이 영원할 수는 없을 것이다. 하지만 현재의 저금리 투자 시장에서 확정수익률을 기준으로 상대적 고수익상품은 회사채, 비교적 소액으로 투자 할 수 있는 원룸 주택이고 적금상품은 저축은행의 자유적립예금과 마을금고의 비과세적금이다. 따라서 이들 상품으로 자산운용의 기본베이스로 하면서 여기에 변형을 주는 것이 좋다.

금융소비자가 가장 많이 선택하는 연금저축과 보험사의 저축 형 상품 투자형 상품인 펀드, 변액 보험 등을 기본구색으로 하는 금융상품선택으로는 투자의 안정성은 물론이고 수익성도 보장받지 못한다.

저금리 일수록 이자 한 푼 더 받는 것 이상으로 나쁜 상품을 선택해 손해를 스스로 자초하는 일을 경계하는 일이다.

특히 초보자들은 처음부터 잘못된 금융상품에 장기간 투자함으로써 목돈 마련을 해야 하는 시기에 오히려 돈을 까먹는 투자를 하고 있다. 앞으로는 충분한 정보를 가지고 균형적 시각에서 정말 소중한 내 돈을 잃는 선택은 하지 말기 바란다.

제5장

금융기사의 행간을 읽으면 돈이 보인다

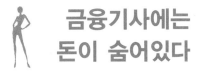

금융기사에는 돈이 숨어있다

개인의 가계경제는 국내외의 경제적 흐름에 많은 영향을 받는다. 당장 금리가 떨어져도 금융자산의 이자가 감소하고 환율이 급락하면 유학생 해외주재원은 더 많은 생활비가 들어간다. 또 환율이 해외자산에 투자하는 사람들도 환차손으로 인한 피해를 본다. 그런 측면에서는 기업도 마찬가지다. 이렇게 우리의 생활은 경제의 변동에 따라서 많은 영향을 받는다. 그래서 사람들은 경제를 알고 싶어하고 경제공부를 위해 경제학 관련서적을 구입해 읽기도 한다.

그런데 막상 경제학 책을 펼치면 외계 어 같은 수식으로 가득하고 현실과 동떨어진 이론만 있다. 우리가 학교에서 배우는 경제학 교과서는 책상물림 학자들에 의해서 가정을 세우고 이를 수식으로 증명하는 내용으로 구성되어 있어 현실에서 초보자에게 도움이 되기에는 너무 어렵다.

그렇다면 경제공부 어떻게 하는 것이 좋을 까. 나는 신문 이상으로 살아 있는 경제교과서는 없다고 생각하는 사람이다. 매일 신문의 경제관련 기사를 꾸준히 읽고 중요한 내용은 별도로 스크랩해가는 일을 반복하다보면 주마간산 식으로 알고 있는 내용들이 차츰 체계화 되고 무엇을 결정해야 하는 일에 큰 힘이 된다.

사람들은 개인이 운용하는 SNS는 개인의 성향 직업 주관 이해관계에 의해 작성되기 때문에 팩 트 에 대한 객관성이 담보되지 않는다. 이는 SNS에 개인이 작성한 수많은 금융관련 글에서 확인이 된다.

언론사가 작성한 금융기사라고 객관적 시각에서만 작성되는 것은 아니다. 친자본적인 언론의 행태에 대해 비판적인 사람들은 언론을 가리켜 "자본의 이익을 대변하는 기관지" "언론과 자본은 악어와 악어 새 같은 공생의 관계"라는 말을 한다. 이 말이 틀리지 않는 것은 언론의 수익기반 중 상당액이 자본(기업)의 광고에 의지하는 구조로 자본의 이익에 반하는 기사를 쓰는 것은 쉬운 일이 아니다.

사람들은 기업이 직접 하는 광고의 선전물 보다 기자가 작성한 글을 신뢰하는 경향이 있다. 언론에 나온 기사는 나름대로 합리적이고 팩 트 를 중심으로 작성 된다는 믿음이 있다. 그래서 언론의 평가는 기업의 직접광고 보다 신뢰를 하는 경향이 있다.

언론이 금융회사가 판매하는 상품에 대해서 그들의 이익을 대변하는 것 마냥 대부분 금융관련 기사는 기업에 호의적이다. 이런 흐름은 어제 오늘의 일이 아니다. 지금도 마찬가지다. 그런데 최근 들어 기업의 금융관련기사에 대해 매우 객관적이며 소비자의 입장에서 작성되는 기사가 크게 늘었다.

이런 흐름은 언론사가 기업을 압박해서 더 많은 광고를 유치하겠다는 발상 때문이 아니다. 인터넷을 플렛 폼으로 하는 저 예산 언론사가 크게 늘어나고 그들 간의 경쟁이 치열해지면서 유저의 클릭 수를 늘리기 위한 과정에서 이런 기사가 많아지는 것이다. 어쨌든 긍정적인 일이다.

경제가 어려워지고 갑의 횡포에 대한 국민의 분노가 분출되기 시작하면서부터 부쩍 금융회사의 이익에만 기여하는 상품에 대한 비판적인 기사가 늘고 있다. 이 기사들이 내 돈을 벌어주지는 못해도 내 돈을 지켜주는 역할은 한다.

수많은 언론사 중에서도 경제 부분에 특화되어 경쟁력 있는 기사를 내보내는 언론사가 있다. 경제전문지들은 친자본적 경향이 강하기 때문에, 이 보다는 종합일간지 중에서 객관적 시각에서 질 높은 금융관련 기사를 쓰는 회사의 신문 경제면을 매일 꾸준히 읽으면 투자방향에 대한 밑그림을 그리는 충분한 정보와 지식을 얻을 수 있다.

경제학 원론, 투자론 책 100번 읽는 것보다, 살아있는 경제 교과서인 금융기사를 매일 정독하는 것이 개인의 경제생활에 도움이 된다.

* 금융기사 읽는 법

① 객관적인 시각에서 심층 있는 기사를 작성하는 신문사를 하나 이상 정한다.

② 매일 주요 투자 상품의 금리동향 지표를 본다.

매일 정기예금, CP, 국고채, 회사 채(BBB-), CD 등 주요상품의 금리를 확인하면 전체적으로 금융상품의 수익률 흐름을 알 수가 있다.

③ 환율, 유가, 주요 원자재 가격 동향

주요 경제 지표는 주가에 많은 영향을 미치는 지표로 주식을 투자하는 사람은 반드시 참고 해야 한다.

④ 특정 금융상품에 대해 소비자의 입장에서 쓴 기사

소비자의 이익이 되는 관점에서 쓴 기사는 역으로 매우 객관적인 시각에서 쓴 것으로 투자의 지침 석으로 활용해도 된다.

⑤ 금융시장의 흐름을 알 수 있는 경제 관련기사는 따로 분류하여 철해둔다. 참고적으로 종합일간지 토요 판은 최근에 경제부분에서 화두가 되는 내용을 심층적으로 분석한 기사가 많다.

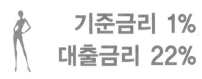

기준금리 1%
대출금리 22%

"기준금리 1% 시대가 지속되고 있는데도 서민들은 좀처럼 빚 부담에서 헤어 나오기 어려운 상황이 이어지고 있다. 6일 한국은행 통계에 따르면 제2금융권 상호저축은행의 일반신용대출금리는 지난 1월(신규취급액기준) 평균 25.64%로 예금은행의 일반신용대출금리(4.56%)에 비해 21.08% 더 높았다. 최근 금리가 낮아진 대부업체의 법정 최고 금리인 27.9%와 비교해도 2.26% 차이에 불과했다. 은행의 신용대출은 주로 1-3등급의 고 신용 자를 중심으로 이뤄지고 있다. 때문에 일부 중신용 자 들을 제외하고 5-8등급의 저소득 저 신용 자들은 연 20% 이상의 고금리 로 형성된 제2금융권 의 신용대출로 밀려 날 수밖에 없다." 〈2016년 3월 6일 Newsis〉

22%의 금리가 얼마나 높은 것인지 예금의 경우를 들어 알아보자. 정기예금의 1년 만기 복리 수익률이 1.5% 다. 천 만 원을 예금하면 1년 후 받게 되는 세금공제 전 이자는 15만 원이다. 세금을 공제하면 더 낮아진다. 1년 만기 신용대출 천 만 원의 금리 22%로 계산하면 내야하는 이자가 연으로 따져 220만원이다. 예금이자의 15배다. 천만 원을 예금해서 1년 후 세금공제 후 받는 이자가 15만 원이 안 되는 데 대출이자로 220만원을 낸다. 이런 대출금리로 돈을 받아 생돈을 날리는 사람이 정말 많아졌다.

대출금리를 정하는 것은 누구

묻고 따지지도 말고 대출해주는 회사 맘대로 다. 금융회사, 소비자 간에 존재하는 공정한 룰도 없다. 이 잘못된 구조를 바꾸는 일이 어렵다.

이런 고금리 신용대출을 피하기 위해서는 개인의 신용등급을 올릴 수밖에는 없다. 신용등급이 4등급인 사람이 1등급만 신용등급을 높이면 2.1% 낮은 금리로 대출을 받을 수 있다. 저 위험 신용등급자들은 3등급 이내로 신용등급을 높이면 상대적으로 낮은 신용대출 금리를 적용하는 은행에서 대출받을 수가 있다. 3등급 이하로 신용등급이 떨어지는 사람들은 은행에서 신용대출받기는 어렵다. 왜 그런지는 은행 마음대로니 은행에 물어봐야한다.

대출시장에서 은행은 두 얼굴을 갖고 있다. 부동산 담보 대출에는 1등급 신용대출 금리 보다 더 낮은 금리로 적극적으로 대출세일에 나서지만 신용대출에 대해서는 매우 고압적인 자세로 대출심사를 한다. 은행의 신용평가 기법이 과학적인 데이터를 기초로 해서 많은 정보가 축적되어 있다면 신용대출에 대한 채권회수 비율을 충분히 높일 수가 있다. 그런데 은행은 정작 필요한 부분에 대한 비용을 쓰지 않고 그 피해를 고객에게 만 전가시킨다.

대출로 발생한 이익은 은행의 가장 큰 수익원이다. 은행의 수익에 막대한 기여를 하는 고객에 대해서 감사하지는 못해도 고객을 호구로 보고 이익만 요구하는 일은 이제 자제해야한다. 그리고 대출 희망자들도 은행에 약점을 잡히지 않게 자신의 신용관리에 신경을 써야한다.

그래야 신용등급이 떨어져 정작 돈이 필요해 대출받는 시점에 가서 20%가 넘는 도둑놈의 금리로 대부회사, 저축은행에서 대출을 받는 일이 없어진다.

소득이 높은 사람들은 그만큼의 비율로 여유자금이 생기기 때문에 비교적 고가의 상품을 사고 평균이상의 통신비 생필품 구입에 돈을 써도 별로 티가 나지 않는다. 그러나 소득이 적은 사람들은 평소보다 통신비가 많이 나오는 일에도 부담이 된다. 그런데 돈이 필요해 돈을 빌리는 것이지만 현금서비스 대부업체에서 신용대출을 받게 되면 아무리 소액일지라도 소득에 비해 이자가 과도해져 당장 생활하는 데 어려움을 겪는다. 나는 대출을 받지 말라고 말을 하는 것이 아니다. 다만 소득이 적은 사람들은 오히려 금융거래를 잘해서 가능한 낮은 금리로 대출을 받도록 해야 한다. 그렇게 하려면 소액이라도 절대 연체를 하지 말고 각종 공과금납부, 카드사용 등의 금융거래를 특정은행에 집중해서 개인의 신용등급을 높이는 일을 꾸준히 해나가야 한다.

개인적으로 대부업체를 비난하는 이유는 그들이 고금리 대출의 재물로 삼는 대상이 바로 절대적으로 소득이 낮은 청년, 여성이기 때문이다. 기준금리 1%시대에 대출금리가 22%가 넘는다는 것이 일반적인 상식으로 납득이 가는 일인가. 정부는 뭐하고 있는지 모르겠다. 정부의 역할이라는 것은 불공정한 시장에 개입해 이를 바로잡는 일이다. 우리 미래 세대들에게 이건 너 개인문제일 뿐이야 하고 이를 방치하는 것은 정부가 해서는 안 되는 일이다.

소득이 낮은 사람일수록 높은 이자를 부담해야 되는 현실이 부당하지만 어쩌겠는가. 돈이 아쉬운 것은 우리인데. 그래서 가능한 은행권에 약점 잡히는 금융거래는 조심하자는 얘기다.

ISA 만능통장이라 쓰고
펀드라고 부른다

"지난 달 14일 금융권에 ISA가 출시된 이후 은행은 증권사에 비해 매우적은 1인당 평균가입금액을 나타냈다. ISA를 판매하기 시작한 첫 일주일 동안 10배 이상 벌어졌던 은행과 증권사의 1인당 평균 가입금액 격차는 최근 5배까지 좁아졌다.

한 시중은행 관계자는 ISA운용사 입장에서 계좌 잔액으로 수수료를 매기는 만큼 1인당 평균 가입금액은 주요한 지표라면 초창기 1만 원짜리 깡통계좌 논란도 있었지만 일반적으로 신탁형 보다 많은 금액을 투자하는 일임형 상품이 활성화되면서 ISA가 안착되는 모습이라고 설명했다 ' 〈2016년 4월 27일 이 투데이〉

ISA는 개인종합관리계좌라 부르며 Individual Savings Account의

약어다.

　＊ISA의 주요내용

　- 가입대상: 근로소득이 있는 사람

　-납입한도: 연간 2000만원

　- 의무가입기간: 5년(청년 및 총 급여 5000만 원 이하 소득자는 3년)

　- 세제혜택: 5년간 200만원까지 비과세 200만원 초과분에대해서는 9.9% 분리과세 한다.

ISA는 간단하게 말해서 예금이나 적금은 물론이고 주식 펀드 ELS DSR 등의 파생상품 투자를 가능한 하나의 계좌로 통합해서 운용하는 상품이다. ISA의 상품유형으로는 운용지시를 투자자가 직접 하는 신탁형 과 전문가에게 운용을 맡기는 일임형으로 구분한다. 수수료는 신탁형은 0-0.3% 일임형은 0.1%-1.0% 다.

ISA의 가입과정은 아래의 순서에 의한다.

　- 가입자 자격확인

　- 신탁신규거래 신청서 작성

　- 투자성향분석(투자정보 확인서 작성)

　- 담당자 상담 후 가입 최종결정

가입자가 준비 할 서류는 전연도 원천징수 영수증과 신분증을 제출하면 된다.

신규신탁 거래서에는 이름과 생년월일 주소 등의 신상정보와 함께 상품명, 예금금액 등을 기재하면 된다. ELS DSR등 펀드 형 상품에 가입의사가 있는 경우에는 투자정보 확인서를 꼭 확인한다. 파생상품이 편입된 펀드는 원금의 손실 발생 가능성이 매우 높기 때문이다.

위에 내용은 만능통장이라는 ISA에 대한 전반적인 설명이다. 이 내용을 읽고 내 소감을 말해보면, 금리가 낮으니까 보수적 투자자를 유인해서 결국 위험부담이 높은 성장 형 주식 펀드에 투자를 강요하는 것이라는 생각을 지울 수 없다.

ISA는 가입기간이 5년으로 중도에 해지하면 불이익을 받는다. ISA에 가입해 비과세 혜택을 받기위해서는 5년 동안 돈을 인출해서는 안 된다. 금융 상품간 갈아타기는 가능하다. 손실이 우려되면 펀드를 해지하고 예금으로 옮겼다가 시장상황이 좋아지게 되면 다시 펀드로 돌릴 수 있다. ISA는 5년이 지나야만 계약기간이 끝난다. 참 말은 잘한다. 이게 현실에서 쉽게 될 수 있는 일인가. 예금금리가 낮다고 위험이 높은 펀드로 갈아타라니. 그렇게 하면 기대 수익률은 높아지나. 오히려 펀드 투자로 인해서 원금손실이 발생할 가능성만 커진다.

금융 밥을 오래먹고 산 내가 평가하는 ISA는 자산운용을 펀드사에 전부 일임하는 자문형 랩과 다를 바가 없다고 본다. 여기에 별 의미 없는 비과세를 덧붙이는 것은 미끼에 불과하지 절대적으로 금융회사에만 유리한 상품이다. 나는 개인적으로 왜 이런 상품을 만드는지에 대해 이해를 못하겠다. 기존에도 펀드, 주식투자로 발생한 양도차익은 비과세다.

이 상품의 판매와 관련해 정부의 조치를 이해하지 못하는 것은 그동안 계속해서 비과세 금융상품을 없애고 세금우대상품까지 축소해온 정부가 뜬금없이 비과세 혜택을 조건으로 투자손실을 고객에게 모두 전가하는 상품의 판매를 독려하고 있다는 점이다.

ISA는 은퇴자 실업자는 가입도 안 되고 기간도 5년으로 중도해지도 어렵게 만들어놓았다. 이런 상품 이라면 차라리 예전의 비과세상품을 부활시키고, 사회적 약자와 저소득 자를 위한 절세상품을 만드는 것이 정부가 우선적으로 할 일이다.

ISA는 별 영양가도 없고 오히려 고객에게 해를 입힐 수 있는 상품임에도 소비자에게 불리한 약관을 덕지덕지 붙여놓고 초기 가입에 대한 인센티브를 미끼로 끌어들여 가입자의 소득원을 만화경처럼 들여다보면서 과세를 늘리겠다는 공무원의 편의적 발상에서 나온 재앙에 가까운 상품이다.

손해가 발생하면 그 몫은 고스란히 투자자의 것인데 비과세라고 생색을 낸다. 서민들은 금리가 낮아서 이자소득이 줄어들어 답답한 현실에서 이런 거지같은 것을 신상품이라고 가입을 권유하는 것은 정부가 할 짓이 아니다.

정부는 이런 이상한 상품을 만들어서 국민들 더 어렵게 하지 말고 연 기금관리나 잘해서 미래세대의 주인인 청년들에게 희망을 주는 일에나 정성을 쏟기 바란다. ISA를 금융상품 투자의 통합 통장으로 단일화시키면 스스로 좋은 투자 기회를 날리는 것이고 한번 투자하면 5년 동안 돈이 묶이는 것과 마찬가지니 투자하지 말기 바란다.

다시 말하지만 이처럼 쓰레기통에나 들어갈 상품을 가지고 고민할 시간에 증권사 창구를 돌아다니던지 인터넷으로 검색하면 다나오는 고금리 회사채에 투자하는 것이 100배나 나은 투자다.

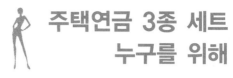

주택연금 3종 세트 누구를 위해

국민연금을 제외하고 민간금융회사에서 판매되고 있는 연금 상품은 타이틀만 연금이지 연금이 갖고 있는 경제성이 전혀 없다. 그러니 괜히 수수료 내가면서 연금 상품에 투자 하지마라. 지금 소개하는 주택연금은 더 웃기는 상품이다. 아니 주택을 담보로 해서 대출받은 상품이 어떻게 연금으로 둔갑하나. 주택연금의 정확한 이름은 역 모기지론이다.

기존의 주택연금 이용자가 늘어나지 않자 새롭게 내놓은 것이 내 집 연금 3종 세트 다. 무슨 내용인지 알아나 보자.

정부가 주택연금 활성화 대책으로 내놓은 내집 연금 3종 세트가 2016년 3월부터 실시 됐다. 일단 내 집으로 연금을 받는 다니 귀가 솔깃하다. 내 집 마련 3종 세트는 주택을 담보로 가계부채를 갚은 뒤 주택자금으로 매월 연금방식으로 지급받아 가계부채와 노후보장을 동시에 해결 하는 것이 핵심내용이다. 문제는 주택연금의 월 지급액은 꾸준히 줄어드는 추세로 실제 노후 보장 해결책으로 효력을 발휘하기 어렵다는 점이다. 기존의 주택연금을 보완한 내 집 연금 3종 세트에 내용은 다음과 같다.

* 내 집 연금3종 세트 주요내용

— 주택담보 대출전환

이 상품의 가입대상자는 60세 이상의 주택보유자로 주택합산 가격 9억 원 이상인 다주택자는 제외한다. 연금의 최대 70%를 일시금으로 인출해 대출금을 갚고 매달 연금을 수령한다.

— 우대 형 주택연금

60세 이상의 주택보유자 연소득 2350만 원 이하 주택가격 2억 5000만 원 이하에 해당하는 사람. 기존주택연금보다 최대 20%많은 연금수령

— 보금자리론 연계주택연금

40세 이상 59세 이하의 보금자리론 대출을 받은 사람 보금자리론 이용시 주택연금가입을 약정하면 대출금리를 0.05에서 0.1% 인하 한다.

내 집 연금 3종 세트에서 가장 눈여겨볼 것은 '주택담보대출의 주택연금전환상품' 이다. 60대 이상 주택보유자가 주택담보대출을 주택연금으로 전환하면 연금을 한해에 인출해 대출금을 갚을 수 있다. 이는 매달 받는 연금을 줄여서라고 대출금을 일시에 상계하라

는 의미다. 문제는 대출금을 상계하고 난 뒤 줄어든 연금으로 제대로 된 노후보장이 어렵다는 점이다. 주택연금의 월평균지급액은 2012년부터 매년 하향 조정되는 추세에 있다. 주택연금제도가 처음 실시된 2007년 에는 감정가 3억 원의 주택을 기준으로 70세부터 매월 106만4000원을 받았으나 현재는 99만9000원으로 줄었다.

내 집 연금은 주택금융공사가 주택가격 금리 기대수명 지급금 등의 산정변수를 연1회 이상 재산정하여 월지급액을 결정한다.

금융당국은 주거안정과 노후준비라는 두 마리 토끼를 동시에 해결할 수 있는 대안으로 집값이 오르면 차액을 추후 돌려받지만 집값이 떨어진다고 해서 연금지급액이 줄어들지 않기 때문에 대출까지 받아 주택을 구입한 사람이 노후준비에 훨씬 도움이 될 것이라고 말하고 있으나, 연금지급액이 줄게 되면 노후보장에 대한 효과가 떨어지는 만큼 차라리 주택을 매각하여 대출금을 상계 하는 편이 낫다. 2016년 한해 주택담보 대출액은 76조6000억 원 증가해 모두 476조 6000억 원에 이른다.

주택연금이라는 소리는 집어치우고 주택담보대출이라고 하는 것이 정확한 표현이다. 연금은 엄연히 다른 것이다. 주택연금의 또 하나의 치명적인 단점은 물가 상승률에 대한 반영이 되지 않는다는 점이다. 그 긴 세월 동안 어떠한 경제변수가 발생할지 모르는 판국에 이런 상품이 통할리가 없다.

정부가 미쳤나보다. 언제는 빚을 내서 집을 사라고 하고 이제는 집을 팔아서 빚을 갚으라고 한다. 다시 생각해도 주택연금이란 상품은 푼돈 받고 내 집 날리는 상품이다. 국가는 개인의 노동수명을 연장 시킬 수 있는 방안을 구상하고 이를 제도적으로 정착시키는 일에 힘을 쏟아야지, 집을 담보로 대출받아 이것을 연금이라고 생각하고 이 돈으로 생활하라는 것은 제대로 된 정부가 아니다.

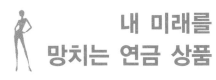

내 미래를
망치는 연금 상품

신한은행 0.76%, 우리은행 0.76%, 국민은행 0.79%, 산업은행 0.77%, 농협은행 0.76% 기업은행 0.73%, 한화생명 0.83%, 삼성생명 0.80%, 교보생명 0.83%, 삼성화재 0.75%, 동부화재 0.81% 대신증권 0.96%, 대우증권 0.93%, 삼성증권 0.79%, 신한생명 0.91% 현대증권 0.93%.

위의 숫자는 무엇을 의미하는 것일까. 위의 내용은 주요 금융회사의 퇴직연금수익률로 수수료를 제외한 확정금리 원리금보장 퇴직연금을 기준으로 은행연합회, 생명보험협회, 손해보험협회, 금융투자협회에서 발표한 자료이니 믿어도 된다. 운용수수료를 공제하면 원금손실이 발생하는 수익률이다.

계속 금리가 더 떨어지고 있는 추세이기 때문에 퇴직연금 수익률 역시 더 나아질 가능성은 거의 없다. 연금저축 상품도 마찬가지다. 우리나라의 국민연금의 소득대체율은 평균 30%가 되지 않는다.

공적연금의 소득대체율 70%와 비교해 너무 낮고, 고령인구의 증가로 앞으로 국민연금이 납입액은 높이고 연금지급액은 낮추는 방향으로 개혁이 추진되고 있다. 심각한 문제다. 정부도 이 문제의 심각성을 알고 민간회사에 연금 상품 운영을 허가해 부족한 국민연금을 보완하려고 한다. 그러나 이런 수익률을 가지고 노후에 보탬이나 되겠는가.

연금저축 영업자들은 입에 침도 바르지 않고 3대연금은 꼭 가입해야 하는 머스트 해브 상품이라고 가입을 강요한다. 3대 연금은 국민연금과 연금저축, 퇴직연금 이다. 국민연금은 개인이 납입금의 절반만 내면된다. 그러니까 납입금의 절반은 개인이 또 절반은 회사에서 부담한다. 그래서 공적연금이라고 부르는 것이다. 국민연금의 2015년 수익률이 연 4%다. 민간에서 운영 중인 연금과 비교해 매우 높은 수익률이다. 물론 상대적인 것이지만. 그럼에도 모든 국민이 국민연금 고갈을 걱정한다. 그런데 1%수익률도 안 되는 민간연금으로 무슨 노후를 대비한다는 말인가. 연금이 오히려 노후에 폐를 끼치고 있다.

현재 민간금융회사에서 판매하는 연금 상품은 연금의 형식만 갖췄지, 연금의 정체성에 부합하지 않는다. 이자 지급방법이 달라서 그렇지 적금과 별반 다르지 않다. 지금처럼 금리가 낮은 시기에 적금 투자는 단기로 가입하는 것이 정석이다. 그렇다면 1년 만기로 적금에 투자한 다음 만기 후 상대적으로 수익률이 높은 목돈 투자

상품으로 갈아타야한다. 돈도 되지 않는 상품에 이것이 마치 꼭 투자해야하는 상품으로 알고 가입을 강제하는 것은, 개인에게 치명적인 손해를 안기는 일이다.

국민의 노후를 민간금융회사에 전가하는 것은 바른 정부가 아니다. 국민의 4대 의무 중에서 세금납부의 의무는 날로 중요해지고 있다. 국민의 절대다수가 세원이 전부 노출되는 투명지갑이다. 세금납부에 대한 의무를 충실히 따랐다. 그러면 정부는 국민의 노후생활에 어느 정도는 책임을 져야한다. 그러나 현실은 어떠한가. 우리는 OECD 국가 중에서 노후복지 예산이 가장 낮은 나라다.

지금은 세계최고의 복지국가 중 하나이지만 핀란드가 보편적 복지 정책 프로그램을 본격적으로 추진하던 시기는, 공교롭게도 2차 세계대전에 독일의 편에서 참전해 패망 후 막대한 전쟁보상금을 지불해 국고가 텅빈 시점이었다.

그들은 가난했어도 보편적 복지야 말로 국가통합의 가치라는 생각을 가지고 그 시기부터 복지정책을 과감히 추진했다. 그에 비해서 우리나라는 얼마나 조건이 좋은가. 정부의 의지, 정치권의 변화만으로 지금보다 훨씬 나은 복지 프로그램을 사회적 약자들에게 제공 할 수 있는 능력을 가진 나라다.

그러나 문제는 바로 여의도에서 국민의 세금으로 호의호식하는 인간들이 아무 일도 안하고 있기 때문에 이런 악순환의 구조가 계속되는 것이다.

차라리 국민연금 개혁을 앞당겨 실시해 연금액을 늘리더라도 제도를 탄력적으로 운용해, 국민연금 수급액을 높이는 방안을 국가

공동체가 함께 고민해 최선의 솔루션을 만드는 일이 더 시급하다.

말장난에 불과한 3대 연금소리는 이제그만 듣고 싶다.

금리가
주가를 말한다

국가경제적으로 뚜렷한 호재가 없는데도 아파트 분양시장이 사람들로 북적이고, 브렉시트의 여파가 아직 가시지 않았음에도 주가가 일정한 박스권에서 횡보하는 것은 초저금리로 인해 갈 곳 잃은 돈들이 이곳에 몰려들기 때문이다. 초저금리가 만든 버블이다. 버블이 터지면 어떻게 되는지 잘 알고 있을 것이다. 이럴수록 투자에 더 신중해야만 한다.

금리가 주가를 결정한다는 말은 여전히 유효하다. 보통 금리가 하락하면 은행권 예금이 이탈한다. 반대로 금리가 상승해 기대수익률(투자 시 예상되는 수익과 예상 지출을 토대로 계산한 수익률)이 높아지면 은행권으로 다시 자금이 유입된다. 그래서 주가는 1주당 이익과는 정비례의 관계에 있고 금리와는 반비례의 관계에 있다.

금리의 변동은 투자자의 기대수익률을 변화시켜 주가에 영향을 미치는 것이 일반적이다.

다시 말해서 주식투자자가 일정시점에서 기대하는 평균수익률과 금리와의 차이는 대략적으로 일정함으로 금리가 인상되면 기대수익률이 올라 주가는 떨어지게 되고 금리가 내려가면 기대수익률도 내려가 주가는 오르게 된다.

그렇다고 해서 금리와 주가의 반비례관계가 절대적인 것은 아니다. 경제상황에 따라 금리인상 시에 주가가 계속 상승할 수도 있고 반대의 상황도 가능하다. 경제의 규모가 작고 그 변동성이 현재와 비교해 단순한 시기에는 금리변동의 결과가 단일 화 된 답이 되었다. 예를 들어서 경기 불황시기에 금리가 오른다면 투자자들은 주식에서 이탈해 안전자산인 예금에 돈이 몰린다.

그러나 경기 활황기가 되면 금리가 오르게 되고 금리가 낮아져도 주가에 미치는 영향은 비교적 적다. 결론적으로 경기가 좋고 상대적으로 물가상승률이 낮은 경우에는 금리인상이 주가에 미치는 영향이 적다고 할 수 있다.

금리하락이 주가를 끌어올리는 것에 절대적이라고 말 할 수 없는 부분이 있다. 지금처럼 경기가 침체되어 있는 상황에서는 금리가 낮아진다고 해서 주가가 갑자기 오르지는 않는다. 경기활황기에는 금리가 상승한다고 해도 경제호황이 지속된다는 확신이 투자자들 간에 공감대가 형성되면 주가는 하락하지 않는다. 역으로 금리가 떨어져도 경기의 침체국면이 장기화 되고 기업의 실적이 악화되면 주가는 오르기 어렵다.

주가의 변동은 단순히 금리의 변동뿐 아니라 유가, 물가, 경기호황 정도 등 다양한 변수에 의해 복합적으로 움직인다고 하는 것이 맞다고 하겠다.

금리 상승 혹은 주가하락 또는 금리하락 주가상승의 단순논리로 경제의 변화정도가 극심한 현재의 시장흐름에서 주가의 방향을 점치기는 어렵다. 오히려 국제유가 원자재의 수급 그리고 변동성 국내 수출시장의 과반이상을 차지하는 중국경제의 현황을 종합적으로 평가해 주가흐름을 예측하는 것이 맞다.

투자처가 적고 위험 해지의 영향을 적게 받던 과거에는 금리가 인하되면 사람들은 안전자산에서 주식시장으로 돈을 이동시켰다. 그러나 최근에는 금리이외에도 주가에 미치는 다양한 요인들이 있음으로 금리의 변동이 주가에 미치는 영향은 크지 않다. 그리고 개별적 종목에 따라 그 영향을 받는 정도가 각기 달라 이를 일률적으로 평가해서는 안 된다.

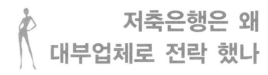

저축은행은 왜 대부업체로 전락 했나

지금으로부터 약 3,4년 전 그러니까 개인 대주주가 경영하던 저축은행이 대규모로 정리 되기 전 까지는 저축은행의 정기예금 금리가 7~9% 정도였다. 같은 시기에 은행정기예금 금리는 3.70%에서 4.15% 였다. 은행보다 저축은행의 금리가 보통은 2%에서 많게는 4% 이상 높다는 점을 감안해도 지금과 비교해 매우 높은 금리다. 불과 몇 년 전의 일이다.

그때까지는 서울 강남에 소재했던 개인대주주 저축은행이면서 메이저저축은행으로 평가받았던 현대 스위스, 솔로몬, 제일 저축은행 의 영업점에는 고액 예금자의 발길이 끊이지를 않았다 .오죽하면 저축은행을 강남부자들의 사금고라는 말까지 나왔겠는가. 돈 있는 사람들은 위험한 투자는 하지 않는다. 원금 손실의 가능성이 없으면서 높은 확정수익률을 주는 상품을 선호한다. 이러한 그들의 니즈에 가장 잘 들어맞던 상품이 바로 저축은행의 정기예금이었던 것이다.

그러나 개인대주주가 경영하는 저축은행들이 금융위기와 대주주들의 도덕적해이로 일시에 무너지고 이틈을 타서 일본계 대부회사 들이 부실화된 저축은행을 대거 인수하게 되었다. 옛날 버릇 못 버린다고 일본계 대부회사들은 예금을 받을 수 있는 저축은행을 인수 했으면서도 정상적인 영업으로 돈 벌 생각은 안 하고 개인을 대상으로 한 고금리 신용대출에 집중된 영업만 한다.

예전 서울 소재 저축은행은 개인을 대상으로 한 신용 대출보다는 고액예금자에게 받은 돈을 대부분 법인에 대출해 수익성을 확보하는 영업을 하던 회사들이었다. 결국 건설회사에 대출해 준 프로젝트 파이낸싱이 부실화되면서 파산을 하게 됐지만.

저축은행은 법인영업이 위축되면서 저신용자를 대상으로 하는 고금리 신용대출로 영업방향을 급속히 전환했다. 저축은행의 예금금리가 높으니 대출금리가 은행보다 높은 것에 이의를 제기할 이유는 없다. 그러나 이것도 정도껏 해야지 적정 예대마진율 5배 이상 높은 대출금리를 받는 것은 정부가 영업권을 허가한 제도 금융회사가 할 짓은 아니다. 고금리 대출자들은 소득절벽이 가장 피부에 와 닿는 사회적 약자들이다. 고금리 대출은 이들을 두 번 죽이는 행위다.

저축은행이 은행의 정기예금, 정기적금(신용부금) 보통예금 같은 금융상품을 판매하지만 근본적으로 다른 것은 은행의 주요수입원인 펀드, 보험 위탁판매를 못한다는 점이다. 여기에서 보듯 저축은 행의 수익원이 제한되어 있어 금융위기에 매우 취약하고 규모도 은 행에 비해 영세하다. 이런 이유로 저축은행의 경쟁력이 매우 떨어 진다.

그래서 하는 얘기인데, 우선 저축은행이 고금리 대출의존도를 낮추도록 무위험 자산 판매를 허가해 안정적인 수익원을 확보하도 록 해주고 대신에 과도한 고금리로 대출하는 회사에 대해서는 불이 익을 주는 정책을 수행 할 필요가 있다. 아니면 저축은행이 제도 금 융시장 전체에서 차지하는 비중이 미미함으로 통 폐합시켜 규모를 키우던지 아니면 아예 시장에서 퇴출시키는 방법을 강구할 필요가 있다. 과거 종금사의 전신인 투금사 수십 곳을 통폐합시키거나 퇴 출시키는 방법으로 대대적 구조조정을 한 적이 있었다.

이대로 저축은행의 영업행태를 방치하면 개인은 물론이고 금융 권 전체에 악영향을 미칠게 될 것이다.

저축은행의 예 적금은 5천만 원 까지는 예금보호공사의 예금보 호가 되기 때문에 가족 수대로 나눠서 예금하면 수억 원 까지도 예 금 할 수가 있다. 그러니까 저축은행이 파산해도 예금과 이자를 받 는 것에는 문제가 없다.

저축은행은 매년 6월에 결산이 몰려있다. 이 시기에 국제결제은 행이 요구하는 BIS비율을 못 맞추는 저축은행은 BIS비율을 높이기 위해 고금리로 후순위 채권을 발행하는 일이 종 종 있다. 저축은행 이 발행하는 후순위채권은 정기예금이 아님으로 당연히 예금보호 가 안 된다. 고금리를 준다는 미끼에 현혹되어 정기예금처럼 예금

보호가 되는지 알고 가입했다가 저축은행이 파산하면서 원금손해를 본 사람이 많다. 투자위험은 수익과 비례한다. 지금처럼 지독한 저 금리 시대에 지나친 고금리를 제시 하는 상품은 그 안정성을 의심해봐야 한다.

소액을 가지고 예금을 하거나 적금에 가입하는 경우 은행 상품 보다는 저축은행 상품의 금리가 높다.

급증하는 보험해약에도
웃는 보험사

측정시기에 따라 차이는 있지만 보험회계 기간을 감안해 매
년 9월 기준으로 월 평균 보험 해약금을 계산 했을 때 생명보험의
보험해약은 2015년이 가장 많은 1조 5240만원으로 월평균보험 해
약 환급금이 1조 5천억 원대를 넘긴 것은 2015년에 처음 있는 일이
다.

10년 전인 2005년에는 보험 환급금이 9874억 원이었지만 2013년
이후에는 1조 3000억 원으로 큰 폭의 해약이 있었다.

보험해약금에서 장기 보험 상품의 계약유지율은 더 떨어지는 추
세다. 특히 10년 이상을 납입해야 혜택을 볼 수 있는 연금저축보험
의 경우 가입자의 절반가량이 10년 이내에 보험을 해약한다. 연금
저축보험은 중도에 해지하는 경우 비과세 혜택이 사라지고 그동안

받았던 연말정산 환급금을 다 토해 내는 등 중도해지에 대한 불이익이 많음에도 해약이 크게 늘고 있는 것은 소득절벽으로 인한 저축의 감소에도 원인이 있겠지만, 보험 상품의 경제성에 대한 가입자의 부정적 시각이 부각 된 것도 상당부분 영향을 미쳤다.

2015년도 상반기 기준 생명보험사의 연금저축보험 평균유지율은 53.14%였다. 이는 2014년 같은 기간인 57.07% 보다 4%가량 줄어든 수치다. 손해보험사에서 판매하는 연금저축보험은 평균유지율이 45.6%다. 2014년 47.19%와 비교해 1.6%로 떨어지는 수치다.

보험은 금융상품 중에서 마지막으로 해약하는 상품이다. 해약에 따른 손실이 크다고 생각하기 때문이다. 중도해약하면 무조건 손실이 발생한다. 현재 우리나라의 가계 부채총액은 1166조원이 넘는다. 소득절벽으로 가계경제가 벼랑 끝으로 치닫고 있는 시점에 보험료 부담 빚 청산 등의 이유로 경기침체가 장기화 됐을 때 서민들이 마지막으로 택하는 수단이 보험 해약이다.

해약은 해약이고, 희 안 한 게 보험가입자는 많지만 제대로 보험금을 못받는 사람이 가입숫자에 비해 상당히 적다는 사실이다. 보험은 허상이며 희망고문이다. 현실적인 투자를 해라. 보험 상품 해약에 대한 정부통제가 정말 필요 하다.

보험만기기간은 보험사들이 머리를 싸매고 연구해서 설정한 만기를 못 채울 확률이 높은 기간의 보험으로 가입을 유도한다.

경기가 침체되면 보험약관대출 금액이 증가해 대출이자를 챙기고 반대로 보험계약 유지율이 떨어지면 해약으로 인한 이득을 얻는다.

보험사마다 정보를 공개하지 않고 있으니 정확히는 알 수 없지만 소비자 보호 기관의 발표를 기준으로 보면 사업비로 보험금에서 나가는 돈이 보험료의 10%가 넘는다.

이를 기준으로 하면 해약 보험금이 원금에 도달하기 위해서는 종신보험은 20년 정도의 시간이 경과 되어야 하고 저축성보험은 5년에서 7년이 지나야 원금에 도달한다. 최근에는 금리가 더 떨어져서 이 기간으로도 부족하다.

저축으로 개인의 가처분 소득이 증가하는 것이 아니라 감소하고 있는 중요한 원인중 하나가 원금보장에 많은 시간이 걸리는 보험사 저축상품을 가입해 중도에 해지하기 때문이다. 지금 한 번 장롱속에 보관해둔 해지 보험증명서를 펼쳐보라. 그중에서 보험료 대비 원금을 제대로 받은 보험증서가 있던가. 보험을 중도에 해지하면 손해라고 하지만 차라리 손해가 되어 빨리 해약해서 다른 상품으로 갈아타는 것이 오히려 손해를 더 줄이는 길이다. 손해보험과 건강보험의 손길이 미치지 못하는 치명적인 질병에 대비하는 CI 보험이라면 모를까. 사업비가 이자보다 더 많은 저축 형 보험에 가입해 돈 날리는 일은 그만하자. 돈 벌기 어렵다면 제대로 금융상품에 투자해 손해는 보지 말고 살아야 하지 않겠는가.

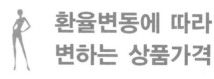

환율변동에 따라 변하는 상품가격

환율변동에 따라 울고 웃는 것이 기업이다. 왜 안 그렇겠는가. 환율이 10원만 올라도 삼성전자 같은 글로벌 기업은 수천억원의 영업이익이 왔다 갔다 한다. 또한 국내 대기업이 근래에 사상 최대의 영업이익을 달성한 것도 이명박 전 정부 시절부터 내내 계속돼왔던 고환율 정책에 힘입은 바가 크다. 삼성전자는 이 기간에 고환율, 법인세 실질감면 혜택으로 세계시장에서 강력한 경쟁기업 제품보다 30%의 가격우위를 확보할 수 있었던 덕분에 사상 최대의 영업이익을 올리는 게 가능했다.

물론 삼성전자가 사상 최대 실적을 거둔 것을 놓고 전적으로 고환율 때문이라고 할 수는 없을 것이다. 우수한 노동력 확보, 메카트로닉스의 잘 갖춰진 대량생산 시스템, 내부혁신, 선도적 마케팅 등

기업 내부적 노력과 헌신을 무시할 수 없다. 그러나 이런 노력은 세계시장에서 경쟁하는 글로벌 기업이라면 모두 하는 것들이다. 삼성전자가 주가가 폭등할 정도의 압도적 순이익을 낸 배경에 정부의 고환율 정책이 있었다는 건 부인하기 어렵다.

환율변동에 울고 웃는 것이 어디 기업뿐이겠는가. 물류와 사람의 이동이 완전하게 자유로워진 소위 세계화 시대를 살고 있는 요즘에는 개인도 환율변동 때문에 많이들 웃고 운다. 외국인을 대상으로 장사하는 사람, 외국에 자녀를 유학 보내는 사람, 해외펀드에 투자하는 사람 등이 대표적이다.

환율이 상승하면 원화 가치가 하락해 자녀를 외국에 유학 보낸 사람은 환율이 오른 만큼 더 많은 유학자금을 자녀에게 보내야 하기 때문에 환율상승이 반갑지 않다. 그러나 해외펀드에 투자한 사람은 원화를 달러화로 바꿔 투자하기 때문에 투자한 후 환율이 상승하면 소위 환차익이 발생해 순수 운용수익률보다 더 많은 수익을 얻을 수 있다.

이제 기업은 물론이고 개인도 환율변동에 따라 웃고 우는 세상이 되었다. 환율변동이 이 정도의 영향력을 갖고 있다면 환율에 대해 공부하는 것이 당연하다.

아래 기사는 환율변동이 기업의 영업이익에 얼마나 큰 영향을 미치는지를 단적으로 보여주는 예이다.

"주식시장은 3분기 어닝 시즌에 돌입했다. 삼성전자는 지난 3분기에만 무려 8조원의 매출을 기록했다. 금융정보업체 에프앤가이드에 따

르면 삼성전자, 현대차, 기아차 3개 기업의 올해 순이익 추정치 합계
가 36조7000억원으로, 시가총액 상위 30대 기업의 올해 추정치 67조
5000억원의 55%를 차지하는 것으로 전망됐다.
물론 이들 기업의 품질경영을 위한 각고의 노력, 과감한 글로벌 마케
팅, 한발 앞선 시장 개척 등을 폄하할 생각은 없다. 다만 가격경쟁력,
특히 환율 효과에 의한 가격경쟁력이 기반이 됐음을 부인하기 어려
울 것이다." 〈헤럴드 경제신문〉

"현대 차 영업이익 10.7% 급감 — 엔저 쇼크 현실로
1분기 매출 6% 늘었지만 환율, 노조에 발목 잡혀
포스코는 순이익 반 토막, 엔저 때문에 값도 못 올려

지난해 같은 기간보다 판매량이 9.2% 늘었음에도 엔화 약세와 상대
적인 원화 강세로 가격경쟁력에 빨간불이 들어온 탓이다. 특히 유럽
시장이 문제였다.
이 기간 현대차의 유럽연합 시장 판매량은 두 자릿수(10.9%) 이상
급감했다. 버팀목이었던 미국 시장의 판매증가율 역시 0.5%로 사실
상 제자리걸음을 했다. 반면 도요타와 혼다는 이 기간 미국 시장에
서 판매량이 각각 5%, 11% 폭증했다. 현대차 관계자는 "환율변수로
영업부문 비용이 11.3% 증가한 2조8358억원에 달한 것도 영업이익
감소의 한 원인이었다"고 말했다." 〈중앙경제〉

약 6개월의 시차를 두고 나온 이 두 기사는 서로 상반된 입장을

취하고 있다. 그 기간 동안 국내 수출기업에 무슨 일이 있었던 걸까. 그 짧은 기간에 기업의 펀더멘털에 큰 변화라도 온 것일까. 기업의 펀더멘털에는 큰 변화가 없었다. 변화가 있었다면 대외적인 여건, 그중에서도 환율변동이었다. 이 기간 동안 원화는 상승하고 우리의 강력한 경쟁기업인 일본의 전자 및 자동차회사들은 우리가 그동안 누려왔던 것처럼 엔화의 급격한 가치하락, 즉 엔화상승의 덕을 톡톡히 본 것이다.

이처럼 환율변동이 기업을 웃고 울게 만들고 있다. 환율변동으로 해당 기업의 영업이익이 감소하면 이는 바로 기업의 주가에 나쁜 영향을 미쳐 주가도 급락한다. 환율이 우리의 투자에도 깊숙이 자리하고 있는 것이다.

환율이 10원 오르면 삼성전자는 연간 8000억 원의 영업이익이 늘어난다는 보고서도 있다. 한국은행에 따르면 원/달러 환율이 1% 하락할 경우 경상수지가 연평균 5억2000만 달러 줄어든다고 한다. 삼성경제연구소는 환율이 10% 하락하면 수출과 경제성장률이 각각 0.54%, 0.72% 하락한다고 말한다.

환율은 일국 통화에 대한 타국 통화와의 교환비율이다. 예를 들어 원/달러 환율이 1000원이면 1달러에 대한 원화의 교환비율이 1000원이 되는 것이고, 환율 인상으로 원/달러 환율이 1100원이 되면 1달러에 대한 원화의 교환비율은 1100원이 된다. 여기서 원/달러 환율은 1000원에서 1100원으로 올랐다. 이를 환율인상이라고 하며, 반대의 경우를 환율인하라고 한다.

이에서 보듯이 환율이 인상됐다는 것은 원화 가치가 1000원에서

1100원으로 하락한 것을 말하고, 환율이 인하됐다는 것은 그 반대로 원/달러 환율이 1100원에서 1000원으로 하락한 것으로 달러화에 대한 원화 가치는 상승한 것이 된다. 따라서 환율 상승은 원화 가치가 하락한 것으로 이를 원화의 평가절하라고 하며, 환율 하락은 원화 가치가 상승한 것으로 원화의 평가절상이 된다. 여기까지가 환율변동에 의한 환율 상승(평가절하)과 환율 하락(평가절상)에 대한 설명이다.

환율 상승이 왜 수출하는 기업에 도움이 되는가. 원/달러 환율이 1000원일 때 1000만원으로 수출가격이 정해진 자동차가 환율이 1100원으로 상승하면 기업이 가격경쟁력을 확보하기 위한 어떤 생산활동을 하지 않아도 1100만원으로 판매하는 결과가 된다. 환율변동만으로 경쟁기업의 동일상품과 비교해 10%의 가격우위 요소가 생기는 것이다.

이로 인해 기업의 영업이익은 크게 늘어난다. 이러한 영업수지 흑자는 기업의 경영실적에 즉시 반영되어 주가도 오르게 된다. 주가가 오르면 해당 기업의 대주주 일가만 돈을 버는 것이 아니라 이 기업에 투자한 기관이나 개인 투자자 모두 이익을 공유한다.

환율 상승으로 기업이 얻는 이익을 환차익이라고 하며, 그 반대의 경우에는 환차손이 발생한다. 환율은 일반 상품의 가격형성 과정과 같이 외화에 대한 수요와 공급의 관계에 따라 변동된다. 따라서 정부 당국이 어떻게 통화정책을 집행하느냐에 따라 환율은 변동되며, 의도적으로 조작될 수도 있다.

환율 하락은 여러 가지 요인이 복합적으로 작용한 결과의 산물이다. 하지만 그중에서 가장 큰 원인은 미국과 일본의 양적완화 정책이다. 이에 따라 상대적으로 원화 강세가 이뤄지고 있다. 특히 일본의 경우 신 보수우익을 앞세우고 집권한 아베 정부의 등장 이후 무제한 양적완화 발언으로 엔화 하락이 빠르게 진행되고 있다. 최근 일본 관광객이 명동에서 사라지고 있는 것도 엔저 현상으로 인해 한국에서의 쇼핑 메리트가 사라졌기 때문이다.

양적완화 정책은 미국의 연방준비은행으로 미국의 중앙은행 역할을 하는 FRB로부터 시작됐다. 양적완화 정책은 기준금리(정책금리) 인하를 통해서도 경기부양 효과가 나타나지 않을 경우, FRB가 은행으로부터 장기국채 매입 등의 방법으로 시중에 달러를 대량으로 풀어(중앙은행이 통상적으로 행하는 통화조작 정책 중에는 시중은행 보유 채권을 담보로 해서 중앙은행이 돈을 푸는 방법이 있다) 소비를 촉진해 경기부양을 이루고자 하는 정책이다.

이런 양적완화 정책으로 미국 달러화 가치가 하락하고, 화폐가치와 이자율이 낮아지는 등의 경제현상이 발생한다. 양적완화는 정부가 국채를 매입해 시장에 돈을 푸는 정책으로, 정부는 세금으로 걷히는 돈보다 많은 지출을 통해 소비가 촉진되고 투자가 늘어 경기가 회복되기를 기대한다.

우리나라가 미국이나 일본처럼 양적완화 정책을 펼치기 어려운 것은, 수출증가 효과는 발생하지만 무역의존도가 매우 높기 때문에 (우리나라의 수출비중은 43.4%, 수입비중은 38.8%로 일본의 11.1%, 10.8%에 비해 상당히 높다) 자칫 양적완화 정책이 수입물가를 상승시키고 상대국으로부터 보복조치를 당할 가능성이 높기 때문이다. 이런 점이 우리나라가 환율조작 정책을 시행하는 데 한계로 작용한다.

지난 수년간 미국은 금융위기를 극복하려고 의도적으로 많은 달러를 공급해왔다. 그 결과 달러화 가치는 계속 떨어져왔다.

투자자 입장에서 환율변동으로 혜택이나 피해를 보는 기업에 투자할 때 가장 경계해야 하는 것은 이분법적 구도다. 단순히 환율변동만이 해당기업의 수혜와 피해에 절대적으로 영향을 미친다고 결론지을 수는 없다. 환율변동은 기업의 지역별 해외매출 비중. 원재료 및 부품의 공급처, 외화부채 비중, 경쟁기업 우위 등에 따라 해당 기업의 경영활동에 유리할 수도 있고 불리할 수도 있다. 즉, 개별 기업에는 복합적 요인이 존재한다.

표| 환율 하락으로 주가 상승이 기대되는 종목

환율 수혜 구분	업종 및 종목
원자재 수입비중이 높은 종목	음식업종(CJ, 제일제당, 빙그레, 오리온, 아원, 농심 등), 유틸리티(한국전력, 한국가스공사)
원화 가치 상승으로 관광수요 증가	여행(하나투어, 모두투어), 항공(대한항공, 아시아나 항공)
외화부채 비중이 큰 기업	포스코, 대한항공, 현대제철

이제 환율변동은 국가의 거시경제 운용, 기업의 세계시장 재무 전략뿐 아니라 개인의 자금 관리와 운용에서도 절대적으로 중요해졌다. 환율을 모르고서는 자금 관리를 논할 수 없는 세상이 된 것이다. 그렇다고 걱정할 필요는 없다. 경제라는 것은 우리의 상식을 넘

어서지 못한다.

　교과서 내의 경제학은 수치와 그래프로 감히 다가설 수 없게 거대한 성벽을 두르고 있지만, 교과서를 벗어난 현실의 경제는 다 상식 수준에서 이루어진다. 환율변동이 왜 일어나는지, 그 기본적인 이치만 알면 경제학을 전공하지 않은 당신도 환율을 실생활에서 얼마든지 이용할 수 있다.

양적 완화정책과
금융상품

"신제윤 금융위원장은 2일 미국 연방공개시장위원회(FOMC)의 양
적완화 축소에 따른 단기적 시장 충격이 크지는 않겠지만 파장이 예
상보다 클 수도 있다"고 말했다.

그는 "최근 국제통화기금(IMF)은 미국의 양적완화 축소에 따른 적극
적인 대응책 마련을 신흥국에 주문했고, 주요 글로벌 투자은행(IB)
들도 일부 신흥국 등에게 미칠 출구전략의 영향을 우려 한다"고 설
명했다. 이어 "우리나라는 다른 취약 신흥국과 차별화되는 모습을
보여줬지만 취약 신흥국의 금융위기에 따른 2차 충격에 전염될 가능
성이 있고, 국제 투자자들의 시각은 한순간에 돌변할 수 있다는 1997
년과 2008년의 교훈을 되새겨야 한 다"고 강조했다.

그러면서 예상치 못한 외부충격으로부터 한국 경제를 지켜내기 위해서는 양호한 펀더멘털을 더욱 견고하게 유지하는 한편 가계부채 연착륙 대책의 차질 없는 추진, 양호한 외화건전성 기조 유지, 일부 기업의 부실 확산 차단 등 취약부문에 대한 보완과 대비를 철저히 하도록 노력해야 한다고 덧붙였다."〈연합뉴스 2014년 2월 2일〉

외환위기 이후 한 시대를 풍미했던 말이 "미국 증시가 기침을 하면 한국 증시는 감기에 걸린다"는 것이었다. 그만큼 한국 증시에 큰 영향을 미치는 외국인 세력을 대표하는 것이 월가의 다국적 펀드로, 이들의 글로벌 포트폴리오는 미국 증시의 흐름에 따라 달라질 수밖에 없다는 의미 다. 그러나 이제 이 말은 이렇게 바뀌고 있다. "미국의 양적완화 정책에 따라 한국경제가 요동친 다"라고.

그렇다면 양적완화가 무엇 이길래 이토록 우리 경제에 미치는 영향이 크다고 말하는 걸가. 양적완화란 쉽게 말해서 중앙은행이 경기회복을 위해 시중 통화량을 인위적으로 늘리는 정책이다. 즉 중앙은행이 시행하는 통화조작 정책이라고 이해하면 된다.

중앙은행이 금리를 낮추면 은행 예금은 감소한다. 은행 예금고가 줄어드는 만큼 시중 통화량은 늘어나게 된다. 반대로 중앙은행이 시중에 있는 국채를 매입해도 시중 통화량은 늘어나게 된다. 참고로, 양적완화의 상대적 개념으로 '테이퍼링(Tapering)' 이란 게 있다. 테이퍼링은 양적완화의 반대 개념으로 중앙은행이 양적완화를 축소하는 정책을 말한다.

미국의 양적완화 정책은 연방공개시장위원회라고 불리는

FOMC에서 결정한다. FOMC는 미국의 경제 흐름을 분석해 통화량과 금리를 조정하고 결정하는 일을 한다. FOMC의 결정이 세계 금융시장, 나아가 세계경제에 미치는 영향이 절대적으로 크기 때문에 FOMC가 어떤 결정을 내리면 세계의 이목이 집중된다.

FOMC가 양적완화 정책을 펴는 이유는 경기회복을 위해서다. FOMC에 의해 달러화 공급이 늘어나고 금리가 떨어지면 달러화 가치는 하락하게 되고, 이에 따라 미국 기업들의 제품은 세계시장에서 가격경쟁력이 높아지게 된다. 물론 이것은 이론상 그렇다는 얘기로, 지금처럼 복잡한 경제 흐름에서는 꼭 그렇게 되는 건 아니다.

그렇다면 이제부터 우리가 생각해 볼 문제는 과연 미국의 양적완화 정책이 우리 경제에 어떤 영향을 미치는가 하는 점이다. 우리는 우선, 미국 기업에 좋은 것이 반드시 우리에게도 좋은 것은 아니라는 사실을 상기할 필요가 있다. 미국은 양적완화 정책으로 당장 장기금리가 하락하고, 이에 따른 주가 및 집값 상승으로 내수가 촉진되고 그 결과 소비 지출이 증가하는 효과를 볼 것이다. 통화량 증가로 인한 달러화 가치의 하락(고환율)으로 미국 기업이 생산한 제품의 가격경쟁력 역시 상승한다. 따라서 제조업 가동률이 높아지고 실업률이 낮아지는 효과를 거둘 수 있다.

그러나 이는 전적으로 미국에게만 좋은 일이다. 미국의 양적완화 정책으로 세계시장에서는 환율전쟁이 벌어지고 원유와 원자재 가격이 상승한다. 그리고 달러화 통화량 증가는 인플레이션을 발생시키는 원인이 된다. 미국의 양적완화 정책으로 우리 경제는 환차익을 노린 외화자금의 유입이 늘고, 이는 주가 상승으로 이어질 수도 있다. 또한 달러화 가치 하락은 상대적으로 원화의 가치 상승을 불러오고, 이는 국산제품의 가격경쟁력을 약화시키는 원인이 될 수 있다.

결론적으로 말하면, 미국의 양적완화 정책은 그들의 이익이 되는 한에서는 그 효과가 크다. 하지만 우리 입장에서는 다르다. 달러화는 세계 자본시장의 기축통화다. 따라서 달러화 가치가 하락하면 달러화를 바탕으로 경제가 돌아가는 무역거래에서 우리나라 상품의 가격경쟁력은 약화되고, 수입제품의 가격인상 요인으로 작용해 물가상승으로 이어진다.

한편, 양적완화의 반대 개념인 테이퍼링이 실시되면 소위 이머징 마켓으로 불리는 신흥시장에 투자된 외화자금이 이탈하게 되어 신흥국가 자본시장의 불안정성이 크게 증가한다. 2013년 12월 말에 불거진 신흥시장의 금융 불안도 미국이 양적완화를 축소한 결과에 따른 것이었다.

물론 우리나라는 이머징 마켓으로 분류되는 아르헨티나, 터키, 인도네시아 등과 비교할 때 미국의 양적완화 정책에 영향을 덜 받는다. 그들과 비교해 상대적으로 충분한 외화자금을 보유하고 있고, 단기외채 비중도 전체 외화부채의 30% 정도로 안정되어 있기 때문이다.

미국이 양적완화 축소를 뜻하는 테이퍼링을 하는 것은 역설적으로 미국 경제가 연착륙하고 있다는 반증으로, 달러화가 강세를 띠면 원화는 상승(평가절하)하는 결과를 낳고 국내 기업의 경쟁력은 그만큼 높아진다고 볼 수 있다. 우리가 무역거래 대금결제에 사용되는 기축통화는 달러화다. 따라서 달러화 가치 변동에 따라 수출 기업들은 큰 영향을 받을 수밖에 없다.

그런데 세계시장에서 경쟁하는 기업 모두의 이해가 걸린 달러화 가치를 미국이 인위적으로 결정한다는 것은 또 다른 의미의 '팍스 아메리카나'의 오만불손을 보여주는 것이라고 할 수 있다. 사실 현재 세계경제에서 미국이 차지하는 비중은 점차 줄고 있는데도 여전히 세계 기축통화를 그들의 손에 맡겨두는 것은 부당한 일이다. 그래서 지금은 세계 모든 국가가 달러화의 인위적 조작으로 인해 더는 피해를 보지 않기 위해서라도 새로운 기축통화가 절실한 시점이다.

미국의 양적완화 정책은 기존에 중앙은행이 시장에 개입해 인위적으로 통화량을 조작하는 것에서 더 나아간 것으로, 미국이 말하는 자유시장, 자유경쟁의 가치에 어긋나는 것이다. 그리고 미국의 달러화는 한 나라만 사용하는 통화가 아니라 세계의 기축통화라는 점에서, 미국 중앙은행이 과도하게 시장에 개입해 달러화 가치를 조작하는 것은 어떤 측면에서는 또 하나의 폭력이다.

이제 세계경제의 중심축은 미국이 아니다. 따라서 미국 정부의 양적완화 정책에 우리가 너무 민감하게 반응하지 않아도 된다.